出土文獻綜合研究專刊之十六

秦漢簡牘系列字形譜

六

主　編　張顯成
副主編　王　丹　李　燁
編撰人員　張顯成　王　丹　李　燁
高　魏　劉國慶　雷長巍　滕勝霖
高　明　楊艷輝　陳榮傑　趙久湘

中華書局

目録

分譜之十　居延漢簡字形譜

説明……三
單字……五
第一　一部——茻部……五
一部……五
丄部……九
示部……一一
三部……一二
王部……一二
玉部……一三
士部……一四
丨部……一四
屮部……一五
艸部……一五
茻部……二一
第二　小部——品部……二三
小部……二三
八部……二三
釆部……二四
半部……二五
牛部……二五
告部……二六
口部……二七
吅部……三二
走部……三三
止部……三五
癶部……三六
步部……三六
此部……三七

正部……三七
是部……三八
辵部……三八
彳部……四四
廴部……四八
㢟部……四九
行部……五一
齒部……五三
足部……五三
品部……五四
第三　㗊部——用部……五五
㗊部……五五
舌部……五五
干部……五五
句部……五六
古部……五六
十部……五六
卅部……五八
言部……六〇
誩部……七〇
音部……七一
䇂部……七一
丵部……七二
𠬞部……七二
𠬜部……七五
共部……七五
異部……七六
舁部……七六
𦥑部……七六
晨部……七七
革部……七七
鬲部……七八

䰜部……七八
爪部……七九
又部……八〇
史部……八三
支部……八四
聿部……八五
畫部……八六
臤部……八六
臣部……八六
殳部……八七
寸部……八七
皮部……八八
攴部……八九
教部……九二
卜部……九三
用部……九三

第四　目部——角部……九四
目部……九四
眉部……九五
自部……九五
白部……九六
習部……九七
羽部……九八
隹部……九八
羊部……九八
雥部……九九
鳥部……九九
烏部……一〇〇
𠦒部……一〇〇
冓部……一〇一
幺部……一〇一
叀部……一〇二

玄部……一〇二
予部……一〇二
放部……一〇三
𠬪部……一〇三
歺部……一〇六
死部……一〇六
冎部……一〇七
肉部……一〇七
刀部……一一〇
刃部……一一二
角部……一一二
第五　竹部——桀部……一一四
竹部……一一四
箕部……一一七
左部……一一八
工部……一一八
甘部……一一八
曰部……一一九
乃部……一二〇
丂部……一二一
可部……一二一
兮部……一二三
亏部……一二三
喜部……一二三
壴部……一二三
鼓部……一二四
豆部……一二四
豊部……一二四
虍部……一二五
皿部……一二五
去部……一二六
丶部……一二七

丹部……一二七
青部……一二八
井部……一二八
皀部……一二八
鬯部……一二九
食部……一二九
亼部……一三一
會部……一三三
倉部……一三三
入部……一三四
缶部……一三四
矢部……一三五
高部……一三六
冂部……一三七
京部……一三八
㫗部……一三八
畗部……一三九
㐭部……一三九
嗇部……一四〇
來部……一四〇
麥部……一四一
夊部……一四一
弟部……一四二
久部……一四二
桀部……一四二
第六　木部——𨛜部……一四四
木部……一四四
東部……一五〇
之部……一五一
出部……一五二
𣎵部……一五三
生部……一五四

桼部……一五四
束部……一五五
㯻部……一五五
囗部……一五五
員部……一五七
貝部……一五七
邑部……一六〇
𨛜部……一六五

第七 日部——㡀部……一六六

日部……一六六
旦部……一七〇
㫃部……一七〇
晶部……一七一
月部……一七一
有部……一七三
朙部……一七四
夕部……一七五
多部……一七五
毌部……一七六
马部……一七六
卤部……一七七
齊部……一七七
片部……一七八
禾部……一七八
秝部……一八四
黍部……一八四
米部……一八五
朩部……一八五
麻部……一八六
韭部……一八六
宀部……一八六
呂部……一九二

穴部……一九二
疒部……一九二
冖部……一九三
冃部……一九四
冒部……一九四
㒳部……一九四
网部……一九五
襾部……一九六
巾部……一九六
帛部……一九八
白部……一九八
㡀部……一九八

第八　人部——次部……二〇〇

人部……二〇〇
匕部……二一〇
匕部……二一一
从部……二一一
比部……二一二
北部……二一二
丘部……二一四
㐺部……二一四
𡈼部……二一四
重部……二一五
臥部……二一五
身部……二一六
㐆部……二一六
衣部……二一六
裘部……二二〇
老部……二二〇
尸部……二二一
尺部……二二二
尾部……二二三

履部……二二四
舟部……二二四
方部……二二五
儿部……二二五
兄部……二二六
兆部……二二六
先部……二二六
見部……二二七
欠部……二二八
㱃部……二二九
次部……二二九
第九　頁部——象部……二三〇
頁部……二三〇
面部……二三一
𥄉部……二三二
須部……二三二
文部……二三二
司部……二三三
卮部……二三三
卩部……二三三
印部……二三六
色部……二三六
卯部……二三七
辟部……二三八
勹部……二三八
茍部……二三八
厶部……二三八
山部……二三九
广部……二三九
厂部……二四一
危部……二四二
石部……二四二

長部……二四三
勿部……二四六
而部……二四六
象部……二四七
第十　馬部——心部……二四八
馬部……二四八
廌部……二五〇
犬部……二五〇
㹜部……二五一
能部……二五一
火部……二五二
黑部……二五五
焱部……二五六
赤部……二五六
大部……二五六
夨部……二五七
夭部……二五八
交部……二五八
壹部……二五八
幸部……二五九
夲部……二五九
亣部……二六〇
夫部……二六〇
立部……二六〇
竝部……二六一
心部……二六一
第十一　水部——非部……二六七
水部……二六七
川部……二七四
泉部……二七四
灥部……二七五
永部……二七五

谷部……二七五
仌部……二七六
雨部……二七六
魚部……二七六
龍部……二七七
非部……二七七
第十二　乙部——系部……二七八
乙部……二七八
不部……二七八
至部……二七九
西部……二八一
戶部……二八一
門部……二八二
耳部……二八三
手部……二八四
女部……二八九
毋部……二九二
民部……二九三
丿部……二九三
乁部……二九三
氏部……二九四
氐部……二九四
戈部……二九五
戉部……二九六
我部……二九六
珡部……二九七
乚部……二九七
亾部……二九八
匸部……二九八
匚部……二九九
曲部……三〇〇
瓦部……三〇〇

弓部……三〇〇
弦部……三〇三
系部……三〇三
第十三　糸部——力部……三〇五
糸部……三〇五
素部……三〇八
率部……三〇八
虫部……三〇九
蚰部……三〇九
它部……三〇九
二部……三一〇
土部……三一一
里部……三一五
田部……三一六
黄部……三二〇
男部……三二〇
力部……三二一
第十四　金部——亥部……三二三
金部……三二三
几部……三二七
且部……三二七
斤部……三二八
斗部……三三〇
矛部……三三三
車部……三三三
𠂤部……三三五
𨸏部……三三八
𨺅部……三四一
四部……三四一
五部……三四三
六部……三四六
七部……三五〇

九部……三五二
内部……三五四
甲部……三五五
乙部……三五八
丙部……三五九
丁部……三六〇
戊部……三六一
己部……三六三
庚部……三六四
辛部……三六四
壬部……三六五
癸部……三六六
子部……三六七
㐬部……三七〇
丑部……三七〇
寅部……三七一
卯部……三七一
辰部……三七二
巳部……三七二
午部……三七六
未部……三七七
申部……三七八
酉部……三七九
酋部……三八〇
戌部……三八〇
亥部……三八一
合文……三八二
筆畫序檢字表……三八三
《説文》序檢字表……三九七

分譜之十

居延漢簡字形譜

説明

一　本字形譜所收之字源自中華書局一九八〇年出版的《居延漢簡甲乙編》和史語所二〇一四年至二〇一七年出版《居延漢簡》二書的圖版，且選取二書最清晰之字圖。後者所收簡多於前者，凡一萬三千餘枚。

二　字頭共有單字一千零七十五個，合文二個。

三　辭例所標出處悉依《居延漢簡》一書：數字表示簡號，例如「10.31」。簡號下的「A」「B」「C」等表示多面簡（含觚）的不同面。例如：「212.1A」表示212.1號簡的正面，「84.20B」表示84.20號簡的背面，「9.1C」表示9.1號簡的側面。

四　對於只有一個編號却包含數枚簡的簡册，如128.1號簡册（即永元器物簿），在簡號後增加括號和數字的組合形式表示辭例的具體出處，如：「128.1（10）」表示該辭例出自該簡册的第十枚簡。

單字

第一　一部——丵部

0001

一

一部

一

2164

84.23
~日一夜

×140.20
~荁

273.16
入穈小石十~石六斗

24.6
~兩貝丘第九車

24.6
~兩貝丘第五車

551.43
刀~枚

65.3
十~

146.15
十~月癸未除

177.17
凡穀卌~石

52.46
米~石二斗二升

190.29
書~封

128.1（49）
月言簿~編

502.3
出亡人赤表函~

413.6A
出羊~頭

239.105
出麥~石九斗

0002

元

477

37.19 右第~舩四人	506.3 馬~匹	212.1A 建平~年九月丙申	119.6A 建平~年	284.1 建始~年三月	403.1 ~康二年十一月	17.12 初~五	59.34A ~黨寧可來
317.28 早練復綺~兩	28.16 馬~匹	42.9A 五鳳~年及二年	75.9 ~延三年四月	255.2 ~康二年二月	68.3 初~五	216.7 始~六年九月奉	284.8A 陽朔~年九月
10.17 中功~	168.11A 第十一杆~	154.19 建平~年正月	128.1（59）永~七年三月	506.26 ~延四年八月以來	310.19 ~鳳五年四月	130.8 永~〃年九月十四日	

0003

天

46

112.10A 欲渡～田

9.1C 漢兼～下

231.88 入隧南～田

10.22 隧塞～田入

244.3A 屬昨日～陰

39.29 始建國～鳳

231.88 出俱起隧南～田

154.1 始建國～鳳二年

455.3 闌越塞～田出入迹

582.8 ～所厚

226.20 桼十～

156.26 始建國～

0004

史

528

176.34 ～卒

39.1 右～九人

504.11 肩水候官～相牽證

76.25 謹移士～候長

203.10 右～四人

332.6 凡～卒廿人用穀卌石

10.31 肩水士～横

20.1 ～馬馳行

76.33 南～便詣尉所

68.69 士～廣宗

137.10 士～顔譚

16.12 令～民盡知之

78.16
出百石～二

255.24A
～除

484.44
～召召

34.26
居延甲渠士～

71.8
～民騎

57.1A
甲渠士～彊以私印

30.11A
士～常褒

262.35B
士～備

145.5
～去署舉

84.20B
～除及遣

36.2
樂～

177.12
廩士～滑漢昌六月食

43.29
卿少～莊

456.5A
部見～二人

34.9+34.8A
部遣～迎受

231.109
萬歲士～范

193.1A
五日盡五月～

270.11
～功算

239.115
禁～民毋貰賣

258.18B
召發適～

183.18B
士～

68.70
☐～

122.7
又紬大刀欲賊傷～

※17.35
～

287.23 士～	484.33 史奉謹遣士～	484.21 告～治絳單
95.12 第十部～一人	110.40 尉史士～	74.15 給士～
231.112B 士～	73.14 ～並記到	

丄部

0005 重

上

上 236

100.29 山～得人	286.13 ～府書	36.2 五日以～
159.10 ～叩大安	428.6 舉堠～一苣火一通	332.13 堠～苣火一通
533.2 ～造傳咸	231.42B 食張卿敍～子候	233.54 臧二百五十以～
7.26 ～下		

0006 帝

5

387.19+562.27 皇~陛下

0007 旁

15

13.2 舉塢上~蓬一通

349.14 ~蓬一通

97.6 合~近官

0008 重 下

267

10.29 ~當用者

7.26 上~

520.18 封佰胡□逢~

10.31 ~尉候長

217.1A 檄以日~餔時起隧

454.16 ~愚

139.29 五月癸卯~餔

413.8 己酉日~餔入

279.16B 子夫足~

42.3A 足~幸甚

267.22 二人馬~

408.2B 覆長賓足~

408.2A 多請長賓孝君等足~

288.16 肩水府左掾門~

示部

0009 禄 39
- 15.18 ～福倉丞敞
- 286.10A 將軍一月～用錢十萬
- 506.27 宜～里藺子房
- 68.45 輔承～
- 394.1 正月～帛一匹

0010 福 43
- 15.18 ～福倉丞敞
- 513.42 左安里呂～
- 6.6 從～糴秫四斗

0011 神 25
- 306.4A+5.9A ～爵元年四月
- 40.14 ～爵二年罷戍卒
- 57.8 ～爵二年

0012 祕 1
- 200.1 ～大經

0013 齋 12
- 10.38 莊～印
- 455.4 公乘張～自
- 112.10A 疑～牛子赦共

0014 祭 2
- 286.10A ～□將軍一月禄用

0015 祖

祖 5

564.6 成功彭~

104.9+145.14 萬歲候長~道

0016 祠

祠 1

10.39 對~具

0017 社

社 7

254.1 部吏~錢

478.7 餔食肩相代~

32.16 四錢給~

社 63.34 爲~市買馬

0018 禁

禁 23

395.11 ~吏毋夜入人廬舍

239.115 ~吏民毋貰賣

259.1 徙王~責

三部

0019 三

三 1594

286.19A 廿~斤半

231.77 ~年桼

5.14 元康~年

王部

0020
王
王
270

62.28B ～嚴叩頭白
251.3A ～文男子孟
234.5 ～卿足下
227.55 卒～
129.18+477.3 ～游君

0021
閏
閏
66

15.3 隧長晏萬～月奉
15.3 ～月守令史
15.18 建平三年～月
10.31 ～月庚申
65.7 始元七年～月甲辰
448.4 ～月己亥自取
84.21 ～見明
188.36 ～月甲

0022
皇
皇
24

485.19 到～卿
27.16 國地～上
110.19 始建國地～上戊三年

玉部

0023
璜
璜
1

92.1 趙～舉

0024

靈

靈

6

509.30
邴~里公士

513.35
邴~里公士朱廣

士部

0025

士

士

311

435.18
~卒

183.18B
~吏

30.11A
~吏常褒

484.33
史奉謹遣~吏

68.69
~吏廣宗

491.4
日勒騎~萬歲里孫守

194.18
公~張褒

231.109
萬歲~吏范

262.35A
士吏~吏

丨部

0026

中

中

301

458.1A
孫□臧之內~

179.4
~勞三歲一月

483.10
木~隧長

560.2A
署作府~寺舍

81.5A
頃舍~得毋有它急

73.5B
~程

145.1
宣十二月～

253.1
妻～君見在觻得

132.27
～己

3.8
迺五鳳三年～爲候官

513.23+303.39
大初三年～

541.1
侍～

208.1
木～

屮部

0027

屯

15

227.101
將～居

464.3
～士四人

169.13
將～裨將軍

227.43
郎下將～張掖大守

艸部

0028

莊

13

273.21
卒淮陽郡長平北～里

497.21
公士～延年

71.49
令～事

0029 蘇

28

325.14 ～卿門下

560.16 里～蓋衆

×286.30 ～賞代施

0030 葵

1

506.10A ～七畦

0031 薑

3

薑 300.8 置佐遷市～二斤

136.25 ～二分

0032 蘭

53

393.5 ～一完

10.22 ～渡

418.2 ～莞各一

0033 萷

2

4.4B 病兩胠～急少愈

4.4B 病兩胠～急未愈

0034 薛

13

65.1 公士～寬

218.18 胡子池～游

137.14 大夫～褒

0035 莞

3

73.15 ～宣

418.2 蘭～各一

0036 藺

2

10.34B 印曰～禹

0037
蒲

13

46.33
馬～去

157.13+185.11
算枲維～封

44.19
尉史～付俱起隧

0038
蕭

8

35.20A
～晏白

123.24
史～並詣官

308.40A
付～長卿六石四斗

0039
蒼

9

85.21
～頡作書

228.2
[幼]～蒼

97.8
～頡

0040
萃

8

16.11
小～不爲用

278.7A
毋爲虜所～槧

280.19
～昌

0041
苛

12

140.1A
過所縣邑侯國勿～留

340.6
關勿～留止

218.30
所縣道毋～留

0042
蔡

7

13.9
大夫～守年卌七

41.9
弟六卒～毋畏

306.1
～當時

0043
藥

16

149.19+511.20
傅膏～

140.30A
目恐～

140.30A
目恐～

0044
藉

6

224.25
～（籍）所部

504.4
～馬以

116.18
方～大刀

0045 葢

28

盖 506.15 丘里～代裦

203.12 第六隊卒甯～邑

214.126 益昌里～奴

206.20 尉史富～邑

34.21A 隧長馬～宗

560.16 蘇～眾

33.30 故隧長富～邑

128.1（23） 上～缺二所

0046 若

31

407.1 ～予采譴兜

49.26 其～干幣絶

160.9B ～若若

0047 茭

113

3.15 餘～五千六百五十束

55.7 司農～少

78.46 省～

188.22 ～積頃

78.11 下～屋相解隨

350.12 運～就直

217.13 出～八十束

479.6 積大司農～

82.25 第十候長～錢

0048 苣

24

×140.20 一～

14.11 夜舉離合～火

486.49 出堠上～火一通

428.6 舉堠上一~火一通

332.5 夜人定時~火三通

0049 薪

39

403.19+433.40+564.28 積~

14.11 次亭熢積~如品約

351.8+351.6 熢三積~

562.16 拜~異眾

104.42B 積~東頃

108.18 熢一積~

0050 蒠

3

506.10A ~二畦

229.52 ~四石

32.16 買~卌束

0051 葦

8

71.19 大小~

317.31 四人伐~百廿束

89.13B 大~篋一

0052 蒙

11

133.18 數~貰下

203.26 自在數~貰守候力不

113.12B 頃~恩

0053 范

33

241.2 鄭公乘~則

245.21 ~肥

101.17 付~壽

0054 蓬

62

163.16 彭人～子

349.14 旁～（烽）一通

349.27 塢上旁～（烽）一通

14.11 晝舉亭上～（烽）一

13.2 舉塢上旁～（烽）一通

412.6 □～（烽）

113.28 ～（烽）解隨

0055 葆

17

15.5 ～鸞鳥息眾里

160.13 ～

145.23 收～男子

0056 草

5

286.18 掾褒奏～

454.12 甘～五

0057 萅

24

346.25 春 始～時

62.1 ～舒里士伍郭

159.11 始～

283.6 言～君足

茻部

0058

莫

31

282.9B
以付鄉男子~

256.2A
言~府

101.30+173.17+260.3
輒~還持狀詣官

第二　小部——品部

小部

0059 小

182

418.2 凡～大五十五物

273.16 入麋～石十一石六斗

387.1 ～月氏柳羌人

413.3 驛～史十人三月食

52.12 ～子與同隊

162.14 故～男

16.11 ～萃不爲用

387.19+562.27 烏孫～昆彌烏

0060 少

317

10.30 ～史慶

194.15 呂～平

203.19 四石三斗三升～

55.7 司農茭～

44.7+190.7 ～百

395.2 ～九石二斗三升

159.26 斗三升～

43.29 卿～吏莊

八部

0061 八

759

203.15 用穀九十七石~斗

45.22 右第~隧

108.11 宜禾第~

435.6B 第~

203.5 ~月二日

39.27 積卌~日

128.1（3） 箭~十八枚

128.1（44） 箭~十八枚

128.1（64） 箭~十八枚

95.7 ~月甲寅自取

283.11 第十~隧長成買奴

0062 分

77

136.25 桔梗二~

136.25 薑二~

14.20 二~別爲爰書

73.5B ~中程

73.29 辛未夜食二~通府

169.1B+561.26B ~別部居

181.1A 留遲三時四~

504.4 ~賢步所

181.1A 當行一時六~

0063 曾
2
- 455.19 方用～青

0064 尚
13
- 212.67 ～口
- 59.15 名～
- 170.3A 居延令～

0065 公
184
- 75.23 居延廣都里～乘屈並
- 194.18 居延當遂里～士張褒
- 146.3 畔東成里～乘
- 509.7 長平東洛里～士尉充
- 13.7 ～乘司馬成
- 45.12 ～乘居延臨仁里
- 7.14 千乘里～士高祁
- 513.2 湯～
- 68.17 ～乘孫第自占書功勞

0066 必
16
- 59.13 ～坐
- 71.61 追捕～得
- 273.12 約至九月糴～以

釆部

0067 番
2
- 511.3 ～和騎士便里李都

半部

0068

半

(seal form) 49

- 181.1A 過～通府
- 203.2 十一月己未夜～
- 286.19A 廿一斤～
- 130.8 九月十四日夜～
- 505.15 吳成三兩～
- 286.19A 廿六斤～
- 145.37 六月十一日～日

牛部

0069

牛

(seal form) 89

- 562.14 印曰～慶
- 112.10A 疑齋～子赦共
- 68.9 ～姑臧
- 37.35 服～二
- 59.26 買～
- 36.2 令史宮移～籍大守府
- 15.20 用～二
- 14.5B ～□人進錢
- 37.17B ～

告部

0070 牡	0071 牝	0072 牽	0073 牢	0074 物
22	10	2	2	69
157.24A 騂～馬	154.15 馬一匹驪～	504.11 候官吏相～證任	123.4 ～中	231.108 輸～適部候長
169.1 騂～齒十一歲	154.15 驪～齒十二歲			143.14 衣～名籍
506.3 馬一匹騂～	120.29 黑～			10.34A 貰賣衣財～爰書
				59.34B 見器～名
				52.45 錢財～臧内户
				266.16 謹行視錢財～臧内
				128.1（24）右破胡隧兵～
				418.2 出～故
				119.8A 來～虞叩

0075

告

92

- 311.15C 甲渠鄣候～尉
- 285.12 官～第四候長徐卿
- 139.36+142.33 甲渠鄣候喜～尉
- 484.30 定國～中〃二〃千〃石
- 167.1 ～塞尉
- 36.2 毋～劾
- 132.31 ～廣嫁事
- 154.4+210.24 ～之
- 478.3 橄～士吏
- 484.21 ～吏治絳單
- 62.52B ～使過亭毋忘報
- 525.10 官～第十候長
- 229.54 ～萬
- 169.3 ～尉謂尺竟候長
- ×131.221 皆記～
- 171.8 明旦～輔曰

口部

0076

口

27

- 128.1（2）釜一～
- 128.1（3）釜一～
- 128.1（53）故釜一～

0079 名	0078 呼	0077 呑
145	28	65

口

- 128.1（22）故釜一～
- 128.1（22）鍉有錮～呼長五寸
- 128.1（6）故釜一～
- 128.1（6）鍉有錮～呼長五寸
- 128.1（67）故釜一～
- 128.1（67）鍉有固～呼長五寸

呑

- 285.1 次～隧
- 71.23 北行口～遠
- 68.37+68.42 ～遠永光四年八月

呼

- 128.1（22）鍉有錮口～長五寸
- 175.8A 恩～舍行
- 158.11 斥～

名

- 255.21B 告劾副～籍
- 203.15 右城北部卒家屬～籍
- 75.28 史覆偃等～籍如牒
- 45.15 病卒～籍
- 10.34A 爰書～籍一編
- 275.6 ～
- 506.26 黄良所賦就人錢～
- 58.16 省卒家屬～籍
- 458.3 受吏奉～籍
- 5.16 廩～籍
- 59.15 ～尚
- 143.14 衣物～籍

6.19 所便～

486.61 時移～

81.10 ～籍如牒

0080
吾
吾
3

81.8A 橐佗誠敖隧長～

0081
君
君
253

33.26 黃～山精五斗

231.14A 馮～就多問

72.4 之～所取馬錢

160.9A 掾郡～臣

52.1A 府～

51.1B 府～

159.28 伏地再拜言～

108.5 ～櫱

220.16 臨之隧長王～房

326.22B 言～足

81.5A 游～容萬年毋恙

335.51 女弟～來

408.2A 言孝～衣

72.59 ～

214.146 張～卿欲爲

308.40B 候長～十

168.6 四月～行塞舉

78.33 孫～

0082 召

召

51

- 145.1 使妻細～持
- 469.3 卒隨～房交錢二千
- 203.17 吞遠士吏褒～詣官
- 17.43 居富里～子□
- 484.44 吏召～
- 176.55 ～臧等詣

0083 問

問

78

- 265.11C 請還驗～
- 72.39 署～卒
- 53.12 父母～之
- 132.20A ～□長卿得桶未
- 124.2 己～道等係安在
- 193.30 驗～收責
- 220.17 驗～卒函□等六人
- 260.20A 君卒～宣白之
- 478.40 至舍～丈
- 231.31 隧長武兼尉史～

0084 唯

唯

37

- 284.1 ～官移
- 270.20 ～府告
- 18.22 ～官闕書府

字	編號	釋文
唯	282.9A	～官以二月奉錢三
唯	265.26	黍錢～
唯	412.3A	～以幸

0085 和 51

編號	釋文
438.2	綏～元年
225.21	立～受
250.14	候長～忠取
108.11	獨～金城

0086 吉 13

編號	釋文
10.33	御史大夫～下丞相
221.3	庸北里～
170.7	公乘范～

0087 周 44

編號	釋文
104.4	士吏～萬年
194.17	却適隊卒～賢
4.4A	鉼庭隧卒～良

0088 唐 12

編號	釋文
77.53+77.56	～宣
206.28	男子～子平所
143.8	戍卒～護等

0089 各 110

編號	釋文
162.7	令賜～一級
162.12	令賜～一級
50.17	～五百里
562.18	曲旃紺胡～一完
10.27	令官～抒別火
111.4A	～亭

0090
哀

7

54.20B
幸長君～時□護持

157.10A
掾數～憐

131·42
君～憐

272.6
～憐財省

0091
叩

204

237.4
～頭

128.1（31）
候長～頭死罪

231.11
～頭

76.43A
二～

140.30A
～"頭"

159.10
上～大安

486.2
～頭死罪

119.8A
來物虞～

15.12A
一月八日旦禹～

128.1（32）
～頭死罪

128.1（62）
～頭死罪敢言之

128.1（47）
～頭死罪敢言之

224.26B+254.16B
未叩未叩～

吅部

0092
嚴
嚴
36

※233.45
昌～豐

231.94
候長郅～

203.49
願令史趣～憲致

95.2B
令史～奏發檄符

62.28B
王～叩頭白

0093
單
單
49

505.19
南～檄詣城官

160.13
～信

155.13B
取白布～衣

走部

0094
走
走
13

88.3B
未知所指～

39.12
亭次～行

326.16
甲渠官行者～

312.14
甲渠候官行者～

74.18
行者～

0095
赴
赴
2

505.25
甚～難一也

0096
趣
趣
18

484.39
奏聞～報至上計

68.32
等～

203.49
願令史～嚴憲致

0097

越

22

188.12
～作治

4.13A
～作治

276.16
～言轉事

455.3
闌～塞天田出入迹

206.2
馬蘭～塞天

0098

起

84

10.16B
書即日～候官

225.21
蓬火不～

44.19
尉史蒲付俱～隧

502.9A+505.22A
十一月丙午～

203.13
俱～隊卒王並

231.88
出俱～隧南天田

40.20
俱～隧長孟昌六百

130.8
九月十日癸亥～

0099

趙

83

71.9
第十候長～彭

282.9A
～子回錢三百

140.16
觻得定國里～充

181.2A
～佳張掖郡中

6.18
以食駟望卒～

71.1
第三隧長～匡

180.19
第卅四隧長～賢

180.22
尉史～皮

92.1
～璜舉

199.21A 中部候長～詡

止部

0100

止

51

563.1A 以次傳行至望遠～

448.4 ～姦隧卒繇

68.78 留～

169.5 ～姦隧卒

278.7A 禁～往來行者

539.2 收葆～行

28.9 ～害隧卒吳明

0101

歬

126

前 561.16 減～一

5.12 受右～部禁姦卒充

5.18+255.22 左～萬世隧長破胡

160.9A 前不～

10.34A 左～候長禹敢言之

180.18A 孫卿坐～

286.27A ～粟計自計之

203.31 ～掾

286.27A ～取五百七十四

0102 歸

31

46.9A 卒范～

212.1B ～奉□以更

181.10 取傳～敦煌

446.14 得赦還～亭

17.17 ～車

夊部

0103 登

17

139.13 庫丞～兼行丞事

44.26 卒蘇～榜程

87.10 以食先～卒强武

步部

0104 步

42

13.4 一～人迹

504.4 分賢～所

7.7A 各實弩力石射～數

235.1 ～

0105 歲

156

491.4 日勒騎士萬～里孫守

104.9+145.14 萬～候長祖道錢

43.2+77.81 年卌四～

323.3 里王野年廿五～

157.1 齒十～

484.2 萬～隊卒丁

此部

0106

此

21

7.7A 更實定～籍

408.2A 廣意在～拜

264.40 ～酒

正部

0107

正

165

244.4+244.6 ～月戊寅蚤食入

35.22A 河平五年～月

8.1A 陽朔二年～月

72.50 六年～月辛未朔

96.1 始建國三年～月

137.15 ～月己丑

37.51 甘露二年～月

24.5 ～月甲子

84.20A 建始二年～月以來

282.9A 初元四年～月壬子

128.1（61） ～月盡三月

0108
乏
6

40.26
食～

214.33A
爲民困～

127.27
堠上不～人

是部

0109
是
9

261.36
今～

139.38
～服

387.16
往來牧表～

505.15
賦就人表～

辵部

0110
迹
124

13.4
人～

13.4
安所到而不得從～

206.18
移官移～簿一編

267.15A
謹移日～簿一編

231.89
見部前逆～

264.40
從～盡界

73.39A
以～候

286.19B
～廿

181.18
主領吏卒日～爲職

178.16 憙踵～逐到第十隧

49.34 中出塞時便主～

455.3 闌越塞天田出入～

203.29A 謹～候

0111

迠

15

徒

560.2A 居延茭～髠鉗

34.9+34.8A 四月旦見～

159.1 平丘陰里～奉世

513.29 ～一人

0112

隨

21

78.11 下茭屋梠解～

113.28 蓬解～

7.7A ～兵所在亭

0113

適

41

202.21 光～男孫

231.108 輪物～部候長

258.18B 召發～吏

0114

過

76

175.20A ～所

62.52B 告使～亭毋忘報

317.3 三月～書刺

241.45 移～所

15.8 移～所

0115 進

26

274.35B
長孫足下～

10.27
～鳴雞

14.5B
人～錢

34.7B
願調衣～酒

34.12A
尉～

0116 造

37

325.13
沙～

15.5
葆鸞鳥息衆里上～

393.9B
元延二年～

0117 還

11

334.9
所～居延鞮汗里

123.26
前居延～根等

218.53
書囚～

0118 逆

9

231.89
見部前～迹

72.35
給～胡隧

0119 通

62

3.25
札五～

162.14
公乘鄴宋里戴～

486.49
出堠上苣火一～

349.14
旁蓬一～

428.6
苣火一～

332.5
夜人定時苣火三～

181.1A
過半～府

0120 迣

11

徙

116.52 根~補缺

116.6 ~補裹澤

110.27 同嚴願~補

0121 遷

25

300.8 置佐~市董二斤

478.11 利以功次~

62.56 以功次~補肩水候長

20.6 以功次~

0122 還

54

68.26 寅~

265.11C 請~驗問

446.14 得赦~歸亭

131.34 ~

101.27 凡~入千八百五十九

198.1 ~入奉

0123 送

27

34.9+34.8A 觻得二人~囚昭武

181.2A 俱~證女子趙佳

278.7A ~便兵戰鬬具

111.4B 輩~毋

0124 遣

143

84.20B 吏除及~

273.27B ~卒欲取私衣者

126.34 受~

0125 遲

5

0126 達

1

0127 連

6

484.33 史奉謹～士吏

317.6 ～尉史弘賫

210.32 ～昌詣官

231.89 ～□持簿詣府

乙附34 ～都

311.16 猛敢約～

34.9+34.8A 部～吏迎受

72.55 部～次一

100.40 ～如意隧長

229.6 ～隧長昌行亭

159.3 ～不便

100.40 鳳□亡～

231.2 留～二時

181.1A 留～三時四分

71.65 第十七隧施刑張～

127.24 ～梃庌解

170.4 又蚤食盡北～表一通

37.17A 郅～廄置駙集上乘所

340.40 濼涫□里大夫王～

0135	0134	0133	0132	0131	0130	0129	0128
遼	遮	迫	近	逐	追	逃	遂
遼	遮	迫	近	逐	追	逃	遂
2	10	23	17	16	10	2	30

0128 遂 30

145.28 今遣~收取所亡杯

13.9 延陵大夫陳~成

585.5 張~

0129 逃 2

157.1 持所賈錢四千辟~

0130 追 10

123.6 各踵迹窮~

71.61 ~捕必得

193.1 迹窮~良捕

0131 逐 16

178.16 憙踵迹~到第十隧

183.15A ~辟槖他令史

179.9 ~捕搜索部界中

0132 近 17

539.2 畜産詣~所亭隧鄣辟

102.6 ~次兼行大守事

10.29 以~次兼行都尉事

0133 迫 23

17.40 ~丞

482.19 ~斷冬獄

140.30A ~將軍當出以

0134 遮 10

127.7 私歸~虜田舍

145.32 左~虜東

414.1B 付~要八石

0135 遼 2

33.8 樂浪~東

0136
遠

78

484.1 呑～部錢貫八枚

234.13 殄北望～

68.37+68.42 呑～永光四年八月

71.23 北行□呑～

0137
道

93

228.19 謹伏地～

37.23 居延西～里不更許宗

124.2 ～曰係迺甲辰

甲附16 埻～郛皆應令

218.30 所縣～毋苛留

104.9+145.14 萬歲候長祖～

217.16 私歸當～田舍壹宿

72.4 謹～去年二月中

350.2B 累重行～

231.113 ～上敕吏

彳部

0138
德

61

194.7 隧長張～不在署

111.5B 塞尉～

114.21 名捕平陵～明里李蓬

0139 復

小篆：復　76

305.11 受降隧長成～

303.40 公士丁奉～

34.23 安君里周逢～

183.3 毋令～直勤失舉

34.9+34.8A ～作三百七十九人

195.6 ～入塞

317.28 早練～綺一兩

103.27B ～出三千

62.28A ～辭

190.15 ～去

0140 往

小篆：往　41

128.1（25） 起繁～往絶

278.7A 禁止～來行者

9.1C ～來□

387.16 ～來牧表是

81.6 諸部～來書

0141 徼

小篆：徼　10

202.16 ～迹簿一編

51.6 居延守～甯常

299.21 居延守游～徐成

0142 循

小篆：循　20

132.39 放～

159.17+283.46 ～行

263.4 ～行部中

0143 徐

70

- 6.21 臨桐隧長~當
- 3.4 三塠隧長~宗自言
- 13.9 濟陰郡定陶~白
- 401.7A ~子禹自言
- 481.11 第一隧長~陽
- 203.3 第五隧卒~誼
- 255.4 長樂里~更申
- 299.21 居延守游徼~成

0144 假

22

- 290.1 凡入~（假）佐十六人
- 88.12 掾所~（假）丹弩
- 484.18 甲渠候官~（假）佐
- 83.5A 車卒許勃所~（假）具弩

0145 後

45

- 562.20 付右~部
- 284.1 右~士吏雲敢言之
- 220.17 ~以衛卿檄驗問
- 27.21A ~不欲言變事

0146 得

385

- 31.1B 來未~奉
- 284.1 積廿日食未~
- 270.20 張宗爲家私市繇~

75.1 觻～壽貴里公乘孫竟

37.35 觻～廣昌里公乘禮忠

71.61 追捕必～

68.13 已～

10.21 今可～出不

15.21 觻～石成里諒賢

77.7 將車觻～萬歲里

36.2 求樂不～

81.5A 頃舍中～毋有它急

24.13 薛忘～七百七十八

585.4 觻～

117.40 共～千七百四

82.33 未～四月盡六月

507.2B ～毋佗緩急

37.32 觻～成漢里大夫

71.54 臨桐隧略～

100.29 山上～人

483.15 吏～離署

185.9 未～

132.20A 問□長卿～楯

336.20+336.38 不捕～

110.14 ～米六升

40.25 收～□□四年充不在

0147
律

150

271.20A 如～令

241.13 ～令

13.7 頗知～令

15.18 如～令

15.8 如～令

72.11 如～令

142.33 如～令

271.18 ～令

57.13B 毋勿如～令

112.26 如～令

7.7A 毋忽如～令

10.40 毋忽如～令

140.1A 如～令

278.7A 如～令

278.7B 毋忽如～令

0148
御

32

485.8 行邊丞相～史

506.1 守～器簿

170.7 迎司～錢居延

廴部

0149
廷

13

20.9 ～尉受制曰

238.39 居延～

239.25 縣～鄉

0150 建

215

203.6
～平五年十二月

212.1A
～平元年九月丙申

110.17
始～國二

154.1
始～國天鳳二年

231.16
～武五年閏月

114.20A
～昭二年滅寇亭長

484.25
隧長～敢言之

72.25
～始三年七月

552.1
～初初初建言言言

290.8
～平五年八月

552.1
建初初初～言言言

10.25A
拜請具酒少賜子～

148.47
亭長舒受代田倉監～

延部

0151 延

549

312.16
居～庫嗇夫賀

15.18
居～塢長王戎

101.33
居～都尉

75.9
元～三年四月

283.10A
～史長賓史令長

42.20A
掾雲守屬～

478.16
～延丞

37.50
居～

238.39
居～廷

234.27A
可～

10.32
張掖長史～行大守事

428.5
移居～

478.16
延～丞

285.9A
居～都尉

154.4+210.24
府卿及居～丞壽

505.25
稟諸當之～城

227.12
居～甲渠第六隧

65.7
居～與金關爲出入

100.22
居～彊漢亭長

413.9A
居～東北三

202.8
尊～

506.26
元～四年八月以來

181.4
元～三年五月乙丑

56.31
共爲居～民范少□

73.15
居～陽里莞宣

225.41
～年里王況

37.23
居～西道里不更許宗

332.13
受居～蓬一通

39.20
元～二年七月辛未

181.2A
元～二年八月

271.21 甲渠鄣候漢彊移居～

75.23 居～廣都里公乘屈並

71.55 居～孤山里

133.2B 居～

77.8 ～乘家所占畜

181.2B 居～丞印

10.22 市陽里張～年

67.15 居～甲渠第十五隧

299.21 居～守游徼徐成

157.2 候史～壽

行部

0152

行

332

10.2B 充足～弟病語者

甲附16 即射～候事

427.1A 隧長戎以亭～

※523.×9 西北～

10.31 以私印～候事

326.7 君～塞

306.4A+5.9A 以私印～

16.5A 以郵～

74.18 ～者走

181.1A
當～一時六分

266.16
謹～視錢財物臧内

191.1
謹～視錢

312.16
以小官印～丞事

539.2
收葆止～

168.6
四月君～塞舉

266.2
～道

59.21
以亭～

52.45
謹～視事

32.23
隧次～

563.1A
廣田隧以次傳～

81.2
以亭～

326.7
等不數循～

7.7A
爲～邊兵

10.6
以私印～候事

485.71
～者

231.118
尉～河[南]

130.8
郵～

104.8+145.13
以亭～

10.8
兩～五十

190.25
以亭～

59.23A
候～

408.2B
孝君衣不～

214.1A
甲渠候官故～

175.8A 恩呼舍～

0153 術

1

126.5 ～曰并上下

0154 衞

8

118.17 副～司馬富昌

505.13 居延計掾～豐

220.17 以～卿檄驗問卒

齒部

0155 齒

45

65.7 ～百

65.12 ～七歲

154.15 ～十二歲

157.1 ～十歲

足部

0156 足

98

234.5 王卿～下

10.16A 它不～數來

408.2B 覆長賓～下

198.14 君夫人～下毋恙

280.13A 願煩～

326.22B 言君～

68.20 子文～下

34.22 中卿～下

274.35B 長孫～下進

274.35A 長孫中君御者～下

10.2B 不□充～行弟病語者

260.15 保卿～下毋恙

221.29A ～下良苦官

0157 路

7

303.14A 子～元君

179.4 胡隧長公大夫奚～人

130.8 椽受～伯

0158 跂

1

350.39 馬～一具

品部

0159 品

8

214.144 如～式

14.11 次亭熢積薪如～約

40.6 從吏毋過～

第三　㗊部——用部

㗊部

0160 器

24

器 85.4 付什~

220.18 ~蹥

59.34B 見~物名

舌部

0161 舌

2

286.19B ~廿

干部

0162 干

40

18.15 五石具弩若~

166.7A 第十六隧靳~一

562.16 靳~一

49.26 鐵鍉瞀若~

49.26 其若~幣絕可繕

句部

0163 拘

5

- 317.6 ～校處實
- 50.17 放～如

0164 鉤

2

- 85.4 ～十枚

古部

0165 古

10

- 16.11 貨錢～惡
- 282.5 終～
- 67.39A 終～三

十部

0166 十

2100

- 45.4A 五鳳三年～月盡四
- 65.14 百五～四
- 10.9 繩～丈
- 323.2 一百五～
- 72.37 直九～
- 190.40 二千一百一～四石

0167 丈

93

131.32 千六~六

203.37 最凡~九人家屬

203.34 ~一月丙辰

20.1 ~二月丙寅

10.8 繩~丈

408.2B 廣意~人即

124.15B ~二尺

4.4A 病苦心服~（脹）滿

0168 千

550

39.45 右二~石令

258.12 出二萬九~四百

72.40 出臨木候史錢~二百

276.15 出錢四~三百卅五

168.17 出錢三~二百八十

233.13 少~一百五十

259.9 ~人

286.10A 祿用錢十萬八~八

393.1B 召故~長

413.6A 賈泉~

0169

博

博

63

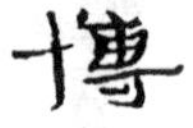
326.21
臨桐卒王~士

393.1A
候長~

75.15
~□候□

0170

廿

廿

697

332.6
吏卒~人

513.24
今毋餘河内~兩帛

13.9
年~九

159.9A
剌~鍼

37.43
年~九

24.6
第~車

100.15
直~五

286.19A
~九斤

35.23
年~六

卅部

0171

卅

卅

402

卅 285.22
錢~萬八千八十

177.17
凡穀~一石

393.5
第~五

507.3A
受杜君榜程~石

305.17A
~井

37.35
年~

7.14
年~一

3.8
故~井候官令史

401.2
~井官以亭行

 408.1 年～七	 509.7 年～	 214.64 部寅矢～四
 34.9+34.8A ～八人	 286.19A ～斤	 515.30 千一百～六人
 181.8 ～井累虜隧	 128.1（21） 箭～八枚	 70.20 ～一卒□服
 127.25 餔時付～井卒	 128.1（5） 箭～八枚	 37.23 年～五
 166.1A 驚弩青繩～二	 32.1A 直百～	 20.9 歲各課其縣道□～六
 136.34 第～六	 507.3B 五百～六石	 188.17 適爲～井南界載
 194.18 年～	 39.27 東積～八日	 278.11 盡癸巳～日
 146.70 年～三	 286.19B 心～斤	 82.24 右第～一隧卒四人

0172

世

71

286.19A ～斤

43.2+77.81 年～四歲

68.110 所入～石七斗

36.7 直錢～

68.75 移～井

168.13 其十一萬四百～四

180.19 第～四隧長趙賢

326.6A 直～

477.4 第～車

28.10 第～車

5.18+255.22 左前萬～隊長

227.15 長安～自言

15.2 萬～隧長至

159.1 平丘陰里徒奉～

言部

0173

言

760

10.34A 敢～之

231.12 敢～之

14.28 敢～之

523.23
它如爰書敢~之

10.34A
左前候長禹敢~之

17.34
敢~之

227.88
亡有夫~

227.15
長安世自~

311.15B
臨桐隧長仁敢~之

81.10
都鄉嗇夫長敢~之

284.2A
肩水候丹敢~之

81.8A
居延都尉府敢~之

485.22
敞伏地再拜~

27.21A
後不欲~變事

132.12
鉼庭候長輔敢~之

139.36+142.33
趣作治已成~

387.22+407.4
觸諱忘~

54.21
敢~之

81.8A
肩水都尉府敢~之

220.3
敢~之

6.13
候長賢自~

271.20A
聽書牒署從事敢~之

203.29B
候長臨敢~之

137.5
亭~官府令何言

81.5A
誼叩頭~

486.74
界中敢~

326.22B
芾伏地拜~君足

63.9
～之謹移

156.31
～之

284.2A
敢～之

282.9B
以印爲信敢～之

326.5
證所～它如爰書

3.4
徐宗自～

3.35
史商敢～之

259.13B
因～

74.7
敢～之

282.9A
箕山隧長明敢～之

206.18
敢～之

159.28
伏地再拜～

10.27
丞相相上大常昌書～

505.37A
男子丘張自～

128.1（15）
叩頭死罪敢～之

45.18
光敢～

128.1（31）
候長叩頭死罪敢～之

486.67
死罪敢～之

4.16
敢～之謹寫移唯府報

169.18
謹移應書如牒敢～之

552.1
建初初初建～言言

4.36
糸急謹伏地～

128.1（62）
叩頭死罪敢～之

128.1（47）
叩頭死罪敢～之

0176	0175	0174
請	諒	謂

75	1	70

128.1（32）
叩頭死罪敢~之

6.13
敢~之

128.1（1）
廣地南部~

241.11A
尉史博敢~之

28.15
甲渠鄣候誼敢~之

218.30
敢~之

139.36+142.33
會月十五日詣~府

56.21
長等敢~之

147.5
~之

178.10+190.16
告掾王平尉常書~廩

122.7
隧長育敢~之

139.11
具~會月十七日

34.3A
因~

167.1
告塞尉~士吏輔

4·1
~縣律曰

484·23
告尉~東西鄉

15.21
觻得石成里~賢

265.11C
~還驗問

63.18A
相~新

231.37
~以政對言府

0177 謁

45

75.21A ～甯卿致記

127.13B 口～

10.25A ～具

10.25A 拜～具酒少賜子建

39.27 束積卅八日～

308.42A 請史奉～

250.23 不～言吏

308.42A 奉～伏地再拜

114.19B ～報敢言之

176.43 孝～萬

0178 許

25

285.21 鄣卒～鎮

37.23 不更～宗

35.20B 所～麴五斗

0179 讎

6

285.15 右賣～

19.27 己～

286.19B 賣～直六百七十

0180 諸

36

81.6 ～部往來書

82.18B 及～簿十月旦見

323.11 公～史

0181 論

13

118.13 輒～之

160.10 移褒初～及施刑

40.22 ～非盜

0182 議

9

16.11 將軍使者大守～

110.24 ～罰

43.29 方～部候長罰

0183 訊

2

62.28A 孩～滿三日

0184 謹

233

78.47 ～案

84.23 ～行視錢財物

108.21 之～

52.45 ～行視事

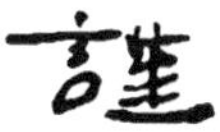

38.20A ～戍卒

261.30 ～寫

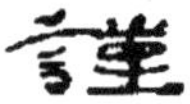

3.20A 敢言之～移

228.19 ～伏地道

63.9 言之～移

72.4 ～道去年二月中

202.12 ～之慎候

4.36 糸急～伏地言

128.1（31）～移七月見官兵釜磑

128.1（75）～移四月

128.1（15）～移六月見官兵物

140.7 遺～廣迹至觀

128.1（61）～移正月盡三月見

141.10 也～

0185 信

43

- 14.19A 以印爲～
- 122.7 傷吏～
- 310.19 第五丞別田令史～
- 37.44 以自書爲～

0186 誠

41

- 81.2 ～南候長王士治所
- 81.8A 槖佗～敖隧長吾
- 84.21 人丞誼～北隧

0187 諱

1

- 387.22+407.4 觸～忘言

0188 詔

59

- 10.33 如～書
- 10.32 下當用者如～書
- 387.19+562.27 車騎將軍下～書曰
- 240.2A+240.22A 如～書
- 10.29 下當用者如～書
- 179.9 ～所名捕重事

0189 諫

2

- 541.1 ～大夫

0190 課

20

- 110.19 二月郵書～
- 231.108 備～
- 7.7A ～後不如會日者

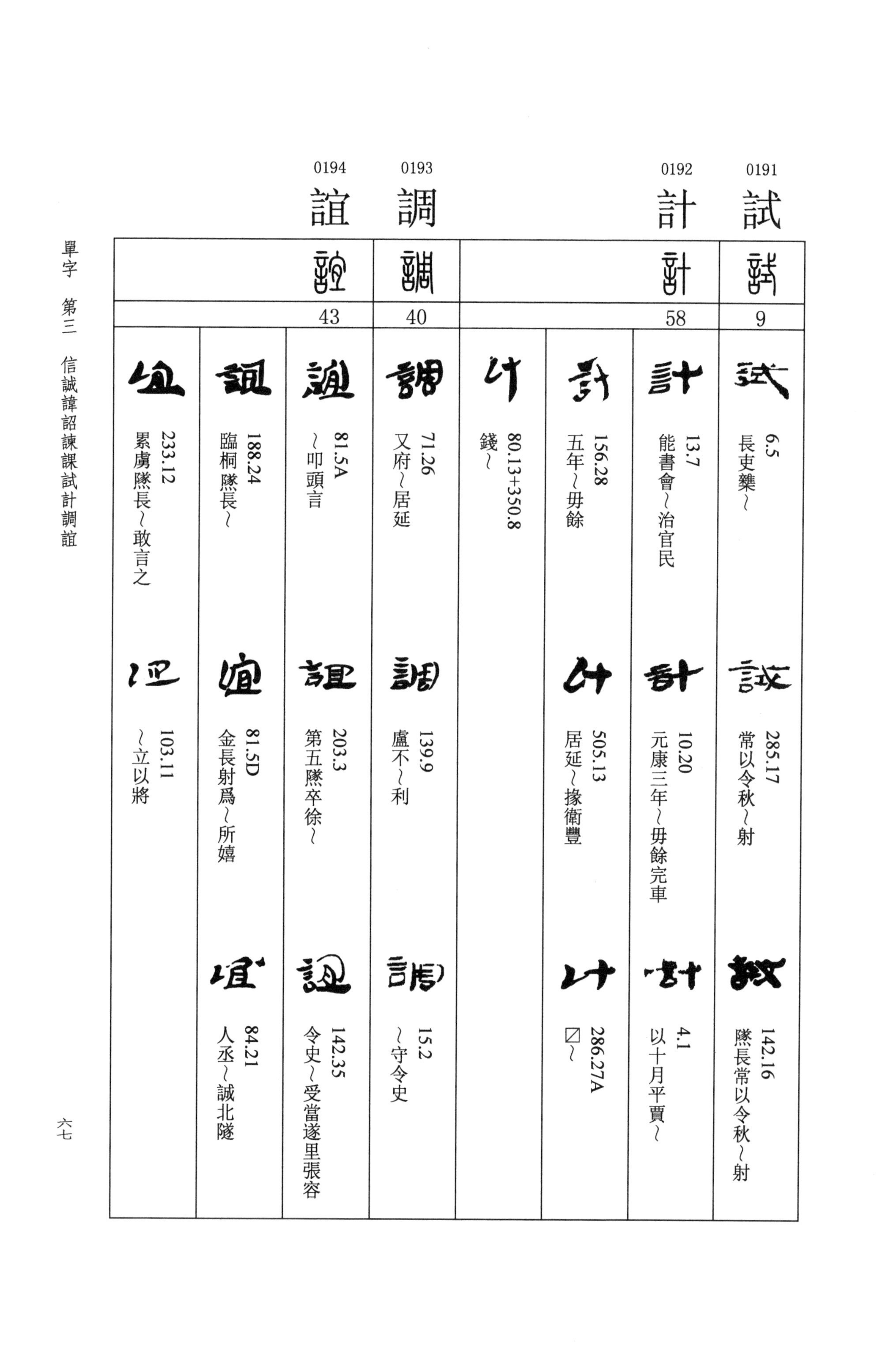

0191 試

9

- 6.5 長吏雜～
- 285.17 常以令秋～射
- 142.16 隧長常以令秋～射

0192 計

58

- 13.7 能書會～治官民
- 10.20 元康三年～毋餘完車
- 4.1 以十月平賈～
- 156.28 五年～毋餘
- 505.13 居延～掾衛豐
- 286.27A ☐～
- 80.13+350.8 錢～

0193 調

40

- 71.26 又府～居延
- 139.9 盧不～利
- 15.2 ～守令史

0194 誼

43

- 81.5A ～叩頭言
- 203.3 第五隧卒徐～
- 142.35 令史～受當遂里張容
- 188.24 臨桐隧長～
- 81.5D 金長射爲～所嬉
- 84.21 人丞～誠北隧
- 233.12 累虜隧長～敢言之
- 103.11 ～立以將

0195 詡

13

- 203.11 ～召詣官
- 199.21A 中部候長趙～
- 170.3A 守令史～

0196 設

3

- 288.30 詣～屏右大尉府
- 16.11 ～作五銖錢

0197 護

52

- 214.33A 使～軍屯食
- 203.34 卒鉤～
- 110.1A+110.5A 隧長～敢言之

0198 記

85

- 154.4+210.24 馬子恩～
- 408.2A 幸賜廣意～
- 238.36B 子佩辱幸賜～
- 156.25 府～
- 218.60 ～
- 285.12 ～到
- 75.21A 請甯卿致～
- 甲附 13B ～伏地再拜
- 276.16 卿府卿～
- 14.5A 臧翁卿～
- 73.14 吏並～到

0199 詣

269

- 139.29 ～官
- 231.5 木候長王宏～官受
- 188.24 官召～官

0203 證	0202 諆	0201 訾	0200 誤
35	1	8	9

（續前）

203.17 士吏褒召～官

244.4+244.6 憚將部卒～官廩

203.18 謹持弩～官射

481.1B 隧長石匡史還～

188.18 司馬～府

7.7A 齎事～官

139.36+142.33 會月十五日～言府

76.33 南吏便～尉所

505.19 南單檄～城官

130.8 一～敦煌

60.4B 受降卒王置～

231.89 持簿～府

0200 誤

185.32 吏名籍～十事

317.11A ～毋狀

285.20 移簿書事以～亂爲常

0201 訾

214.125 受～家延壽里

254.13A 城北卒～譚

16.2 受～家當遂里

0202 諆

562.4 匈奴呼韓單于～

0203 證

49.25A 右自～爰書

504.11 肩水候官吏相牽～任

123.4 不驗～

57.25A 甲何～

0204 詘

1

340.18 ～大婢在

0205 詬

1

29.4 月～表

0206 新 誌

1

507.2B 毋有黃～

0207 譚

38

168.17 令史～市

135.10+317.7 知～故爲甲渠候長

254.15 第十七候長～

誩部

0208 重 善

55

132.37 ～毋恙

188.17 馬□□～

505.37A ～居里男子

45.6B ～毋恙

68.81 其亭甚～

90.88 雍自～

音部

0209
音
〔小篆〕音
16

502.14B
相問～聲意中快也

203.16
第廿三隧卒王～

72.4
～送安都將軍

0210
章
〔小篆〕章
80

148.40A
～曰

4.4A
第卌一隊卒王～

5.11
槖佗候長～卿

130.8
皆居延都尉～

0211
竟
〔小篆〕竟
41

110.25
不見尺～隧舉

482.7
北尺～隧舉塢上離合

203.14
鄣卒張～

282.18B+283.27B
再拜～

270.6
～弘

169.3
告尉謂尺～候長□等

辛部

0212
妾
〔小篆〕妾
1

3.16
父～萬厶死

丵部

0213 對

對 22

15.25 樊褒詣府～功曹

95.11 召憲詣官～狀

174.27 士吏彊～曰

0214重 對

對 6

100.40 已～獄

39.25 ～具此

収部

0215 奉

奉 281

15.2 成陽縣南陽里狄～

513.14 ～

15.3 閏月～

※N44 予～食

142.31 十月～計

513.38 ～用錢四百八十

190.21A 從史霸出～刺

84.14 士吏李～

308.42A ～謁伏地再拜

387.3 都里不更司馬～德

※78.43 願已二百～償

308.42A 請史～謁

0216

丞

215

- 159.1 平丘陰里徒～世
- 31.1B 未得～
- 282.9A 唯官以二月～錢三
- 101.7 ～餘錢
- 330.1 ～死罪白奏
- 82.18B 大司農部～簿
- 478.16 延延～
- 15.18 禄福倉～
- 160.9A 勳守～良居延
- 303.14B 都尉～
- 10.30 ～相相下車騎將軍
- 82.18A 大司農部～簿
- 81.4B 延～印
- 181.2B 居延～印
- 103.14 ～相史
- 38.42B 邑佗～延
- 7.7A 行邊兵～相
- 37.21 湯兼～事
- 156.26 馬～前百
- 84.21 人～誼誠北隧
- 68.86 都尉事～
- 187.8A 尉～功
- 65.18 大夫廣明下～相

0217

戒

6

482.3 孝慎～之

155.15 都吏壯卿縈～塞上

206.26 驚～便兵

0218

兵

78

126.26A 卒～舉

10.27 宜寢～

126.26B 卒～舉

5.3+10.1+13.8+126.12 郡國調列侯～

238.23 猥～

262.17 車什～人

7.7A 官以姑臧所移卒被～

278.7B 送便～戰鬬具

278.7A 送便～戰鬬具

128.1（33）見官～釜磑月言簿

128.1（46）謹移七月見官～

128.1（31）謹移七月見官～釜磑

128.1（28）右濶上隊～物

128.1（15）謹移六月見官～物

0219

具

190

350.39 馬跂一～

112.24 破猛即～衣物

208.3 丁不～

267.26A ～言之

10.25A 伏地再拜請～

123.32 受～弩簿

10.25A 拜請~酒少賜子建

10.39 對祠~

85.4 ~楯六枚

418.2 三石~弩一完

210.6 第五隧六石~弩一

190.38 葉櫝毋減六~

18.15 五石~弩

139.11 ~言

乙附19 六月簿餘楫櫝六~

𠬞部

0220

樊

7

303.21 書佐~奉

288.6 騶望~同

樊 49.31+49.13 當曲卒屈~子

共部

0221

共

16

479.14 簿~簿簿簿簿簿日

112.10A 赦~

117.40 ~得千七百四

異部

0222 異

6

335.54+336.26 予者子池～子

169.1A+561.26A 奇觚與眾～

169.1A+561.26A 眾～

0223 戴

2

162.14 ～通卒故小男

舁部

0224 與

94

169.1A+561.26A 奇觚～眾異

505.37A 自言～家買客田

72.4 音送安都將軍～主

332.20+341.13 以～横家爲復後

65.7 居延～金關

52.12 小子～同

129.18+477.3 王游君～相助

臼部

0225 重 嬰

嬰 18

137.12 言～領

232.5 以給～害

晨部

0226 農

農 46

農 175.12 ～田

82.18A 大司～部

82.18B 大司～部

10.32 下屬國～部都尉

革部

0227 革

革 25

183.4 ～甲十五

82.34 ～履

53.25B ～□□

0228 靳

靳 31

13.6 東郡畔戍里～龜

166.7A 第十六隧～（旗）干一完

10.37 ～（旗）干十

0229 勒

勒 12

491.4 日～騎士

20.6 公乘日～益壽里

284.11 移日～

鬲部

0230 重

釜

32

128.1（3）～一口

128.1（2）～一口

128.1（29）～一口

128.1（19）～一口

128.1（22）故～一口

128.1（31）謹移七月見官兵～磑

128.1（44）～一口

128.1（18）～一口

128.1（1）官兵～磑月言簿

128.1（64）～一口

128.1（53）故～一口

128.1（6）故～一口

128.1（67）故～一口

128.1（62）官兵～磑四時簿一編

128.1（75）六月見官兵～

䰜部

0231 重

羹

2

265.17 飲一～棓□敢出

0232

爲

360

爪部

160.9A 不知~動

214.146 張君卿欲~

229.6 備不虞~職

157.12 不~執胡隧長

14.19A 以印~信

56.31 共~居延民

16.11 小萃不~用

20.6 以功次遷~

387.24+387.25 郅支~名

285.20 以誤亂~常

15.7A 故~公佰君作

188.17 適~卌井南界載

7.7A ~丞相史王卿治事

为 171.8 告輔曰□~

507.3B 粟餘當~五百卌六石

3.8 迺五鳳三年中~候官

181.18 主領吏卒日迹~職

132.31 以~使者再

76.43B 何日商乎願~

157.1
聖索父振～甲渠

又部

0233
又

62

6.6
廣～從福

13.4
～不劾候史

20.8
安～聽廣德

24.13
青背～責臨

226.5A
六十～各口十二石

71.26
～府調居延

0234
右

196

44.12
～南書

146.12
～甘露元年

49.25A
～自證爰書

113.21
～令

82.24
～第卌一隧卒四人

119.11+350.56
～三人

562.20
付～後部

65.7
～移金關

37.19
～第一舩四人

435.6A
～目潤

82.29
～高沙隧卒

5.12
受～前部禁姦卒充

180.40B ～第八車

112.14 ～臨木隧卒

203.15 ～城北部卒

45.22 ～第八隧

203.10 ～吏四人

39.45 ～二千石令詔書

176.18+176.45 ～省卒四人

52.61 ～斗食斗吏二人

71.43 ～一人

40.5 ～鄣吏弩十二

38.41 ～夬

128.1（24）～破胡隧兵物

0235 父

41

57.1A 候長鄭赦～

3.16 ～妾萬厶

53.12 ～母問之

513.23+303.39 ～以負馬田敦煌

180.40A 守～蘄子衡

157.1 聖索～振爲甲渠

0236 夬

2

38.41 右～

0237 尹

25

51.23 樂成里公乘～昌

57.2 士吏～忠

14.25 屋蘭富貴里～野

0238 及

68

67.6 償～當還錢簿

203.18 不～到部

84.20B 吏除～遣

395.14 轉者～除未滿三月

160.10 移褒初論～施刑

82.18B ～諸簿十月旦見

25.18B 久不□及及～見

180.18A 史～□孫卿坐前

42.9A 五鳳元年～二年

0239 反

16

217.14 可以～

346.24 再～

142.18 一～〓僧八束

0240 取

359

211.7A 十月己酉卒張便～

458.1A 男子～之

78.33 周士爲～弩臂

501.8 便～

203.14 自～

133.7 十一月庚申自～

145.28 遂收～所亡杯

154.2 自～

394.1 二月癸巳自～

127.13A 月來～

203.34 ～部卒十五人食

188.29 自～

181.10 ~傳歸敦煌
127.13A ~之
38.19 卒魏聖~

279.7 四月癸巳自~
428.8 隧~遝
334.2 出錢五中尉~

250.14 候長和忠~
155.8 ~戍鹽三指掫
233.1A 候長王卿~

233.1A 候長王卿~
82.8 自~
448.2 閏月己亥自~

448.4 閏月己亥自~
157.2 卒湯~

0241
度
度 19

514.10 章~
113.6+139.24 ~得穀口率
210.35 ~貴賤之等級

史部

0242
史
史 777

242.22 候~候
甲附16 令~充
158.12 令史史~史

0243

事

347

75.23 千人令～

103.14 丞相～

326.2 令～弘尉史彊

264.36 時～告

234.1 並尉～鮮于惲自言

214.34 一～一封

132.38A 承書從～

6.8 即日視～

10.29 承書從～

278.7B 失亡重～

132.2 承書從～

16.5A 一～

10.32 張掖長史延行大守～

220.7 二～

65.18 承書從～下當用者

276.16 趣言轉～

支部

0244

支

2

387.24+387.25 郅～爲名

聿部

0245 筆

2

486.62
所作～一枚

0246 書

542

286.13
上府～

317.1
北～五封

×239.116
移～到如

111.5A
如府檄～

10.33
承～從事

81.6
諸部往來～

110.19
郵～課

231.27
居延～曰

239.2
[制]～言

123.53
迺移病～

203.44
如守府～

130.15
出北～八封

39.45
詔～秋射增

133.12
以府～召禹詣官

161.9
詔～如牒

191.7
今故～記相聞

203.49
～到

62.22
北～一封

畫部

0247 畫

12

220.20
畫～

220.18
小～梧十

336.32
木杖～滅迹

0248 晝

3

14.11
～舉亭上蓬一煙

臤部

0249 堅

24

128.1（21）
陷～羊頭銅鍭箭

128.1（5）
陷～羊頭銅鍭箭

128.1（52）
陷～羊頭銅鍭箭

128.1（66）
陷～羊頭銅鍭

臣部

0250 臣

24

160.9A
郡君～官

45.1A
西鄉守有秩志～

387.12+562.17
糞土～憙

0251
臧
29

505.35 欲~（藏）匿汝

14.19A ~翁卿錢六百

233.54 ~二百五十以上

殳部

0252
毆
2

395.11 敺 犯者其室~傷之

0253
殿
6

337.12 案尤~者

10.16B 諸部~

148.16 ~債黃頭

0254
段
7

57.6 秩士吏公乘~尊

※121.16 河東絳邑亭長枚~

213.16 ~封

寸部

0255
寸
120

176.51 二~

77.53+77.56 長七尺三~

37.23 長七尺二~

15.22 長七尺一~

323.3 長七尺五~

65.7 六~符券

43.2+77.81
長七尺五～

128.1（67）
鍉有固口呼長五～

15.14
長七尺二～

0256
寺

1

560.2A
署作府中～舍

0257
將

93

484.66
～不

387.19+562.27
車騎～軍下詔書曰

16.4A
宣德～軍張掖大守苞

169.13
將屯裨～軍

501.8
毋必令～軍見

15.2
～護罷卒濟陰郡

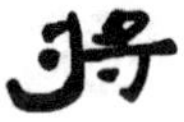
72.4
音送安都～軍與主

72.4
～軍從史當下

286.19B
黃～十

286.10A
祭□～軍

103.11
誼立以～

皮部

0258
皮

8

180.22
終尉史趙～

533.2
戍卒河東～氏

303.11
～窅廿八

攴部

0259

故

故

143

133.4B ~〃六十五錢

10.10 姓夏氏~民

191.7 今~書記相聞

395.11 以毋~入人室

481.19 隧~鄣

418.2 出物~

234.41 右~官

162.14 戴通卒~小男

127.35 官久~吏令史范弘

203.26 ~有賢君

188.34 ~有賢主

128.1（22）~釜一口

84.3 無醫治~不起

81.5D 心中不亡~也

160.19 ~吏野主

100.23 ~漆履一兩

128.1（67）~釜一口

128.1（53）~釜一口

0260

政

政

9

495.9+503.7 水都尉~

231.37 以~對言府

420.4 吕~主

0261

數

64

數 326·7
等不～循行

10.16A
它不足～來

145.2
言車兩石斗～

537.2A
空～十人

174.11
同欲～請

557.4
～環錢

奴 133.18
～蒙貰下

283.22
擇～齍夫禹主

502.14B
～寄記書

203.26
自在～蒙

4.33
可不～得

7.7A
各實弩力石射步～

157.10A
掾～哀憐

70.8
斗～當月十二日

49.13
後～日府醫來到

0262

孜

1

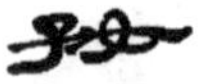

孜 133.4B
～驗六

0263

敞

52

15.18
～移肩水金關

485.22
～伏地再拜言

78.12
武令史～

231.93A
却適隧長王～

0264 改

2

16.11 ~更舊制

0265 變

14

46.26 後不欲言~事

387.24+387.25 未知其~

123.4 敞欲言~事

0266 更

60

113.28 ~秩蓬解隨

37.23 居延西道里不~許宗

16.11 改~舊制

51.5 不~李惲

×76.51 里不~□年

212.1B 前奉□以~

0267 敕

2

231.113 道上~吏

0268 赦

35

43.12A 佐~之敢言之

214.102 亭案~之除

213.49 阿平富里張~

17.15 ~之事已

446.14 得~還歸亭

0269 敦

13

513.23+303.39 父以負馬田~煌

181.10 取傳歸~煌

130.8 一詣~煌

0270 寇

22

457.2 罪司～以上

114.18 滅～隧戍卒侯詄

88.3A 爲～

0271 收

72

539.2 ～葆止行

68.87 ～虜士吏

459.1 及餘宣～之

193.30 驗問～責

15.5 上造顏～

274.36 隧長～病書

395.2 受尉史～

40.25 ～得□□四年充

0272 牧

8

280.2 州～八命黃金印

387.16 往來～表是

15.14 大夫謝～

教部

0273 教

47

231.92 恭親面見受～

18.2B 有～使府

188.35 ～問却

507.2A 教教教教～

卜部

0274 卜

7

118.6 ~益壽

311.30 元城第八車~廣

214.31 宋里~憙

0275 占

11

218.2 乘所~用馬

282.7 移所自~書功勞

77.8 乘家所~畜

用部

0276 用

277

455.19 方~隧青

505.20 ~錢

332.6 凡吏卒廿人~穀卌石

16.11 小萃不爲~

58.3 十羽幣補不事~

136.38 取薪山材~山

10.33 下當~者

39.1 右吏九人~錢

560.25A 夜~二百五十束

0277 甯

2

203.12 第六隧卒~蓋邑

第四　目部——角部

目部

0278 目（目）25

- 435.6A 右～潤
- 76.20 凡～多七十九
- 140.30A ～恐藥
- 506.14 日～始建國三年

0279 相（相）121

- 504.11 ～牽證任
- 33.8 丞～所奏臨淮海賊
- 43.9 入方～一乘
- 103.14 丞～史
- 7.7A 丞～史王卿治事
- 7.7A 丞～史王卿
- 129.18+477.3 與～助

0280 盲（盲）5

- 128.1（41）～矢銅鍭箭五十枚
- 128.1（57）～矢銅鍭箭五十枚
- 128.1（71）～矢銅鍭箭五十枚

眉部

0281

省

61

203.23
~茭用穀五石

78.46
~茭

176.18+176.45
右~卒四人

203.1
馬萬將省卒詣官

124.21
~伯史

479.6
~第廿六隧卒使

272.6
哀憐財~

自部

0282

自

272

140.1A
李立第臨~言

49.25A
右~證爰書

37.29
與同里張利中~言

39.9
八月己卯~取

103.49
~傷

505.37A
男子丘張~言

203.26
~在數蒙貰守候

448.2
閏月己亥~取

448.4
閏月己亥~取

90.88
雍～善

白部

0283
皆
𣅀 (小篆)
103

261.36
～候奏

甲附 16
～應令即射

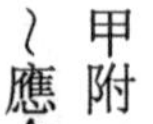
267.26A
放～居署

71.20
惲～失亡

29.14
萬世隊～廢置

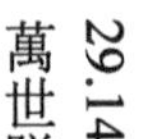
×131.221
～記告

0284
魯
(小篆)
9

100.1
戍卒東阿靈里袁～

285.1
卒～侯外人

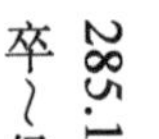
339.32
～猛取

0285
者
(小篆)
210

265.11B
它郡縣～具月十日

224.26A+254.16A
子都～者者

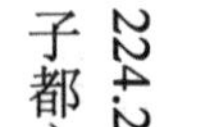
111.4B
往來行～

74.17
使～楊君至都亭

274.35A
長孫中君御～足下

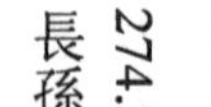
14.4
部吏吏使～候

171.13
從～如律令

485.71
行～唯

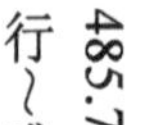
395.14
已載轉～

0286

百

1125

61.18 餘錢~廿

505.15 四千七~一十四

560.25A 夜用二~五十束

6.15 八~十七

135.4 錢千三~

72.40 錢千二~

168.13 三千五~八十六

3.15 茭五千六~五十束

156.26 馬丞前~

233.21 三~償惲

234.35 兩行二~

習部

0287

習

9

16.4B 掾~屬沈

231.116 萬年隧長董~

486.106 適士吏~詣

71.47 調~

羽部

0288 翁

12

448.1 孫～

14.19A 臧～卿錢六百

14.5A 臧～卿記

隹部

0289 離

9

14.11 夜舉～合苣火

495.4A 分～獨居

482.7 舉塢上～合

0290 雁

2

160.19 卒李～

羊部

0291 羊

25

413.6A（3）出～一頭

413.6A（4）出～一頭

128.1（21）陷堅～頭銅鍭箭

128.1（5）陷堅～頭銅鍭箭

128.1（52）陷堅～頭銅鍭箭

128.1（66）陷堅～頭銅鍭箭

0292 美  2

456.5A 一人王~休

0293 羌  3

387.1 小月氏柳~人

雥部

0294 重 集  14

7.7A 須以~爲丞相史

33.2 一事~封

310.19 鐵器出入~簿

鳥部

0295 鳥  3

51.5 葆鸞~大昌里

15.5 葆鸞~息眾里

0296 鳳  117

178.30 尉史李~

77.34 五~元年四月己丑

45.4A 五~三年

132.38B 鳳~

214.17A ~叩頭報掾言

154.1 天~二年六年

214.17A 願~與部吏

73.1 隧長~昌

0297 鸞

2

51.5 葆~鳥大昌里不更

15.5 葆~鳥息衆里上造

0298 鴻

12

178.27A ~嘉元年

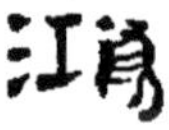
3.24 ~嘉二年十月丙辰

276.1A ~嘉二年四月

烏部

0299 烏

2

387.19+562.27 ~孫小昆彌烏

華部

0300 畢

53

6.15 八百十七~

190.14 收得~見

206.8 ~錢二千

0301 糞

3

387.12+562.17 公乘~土臣憙

0302 重

棄

2

- 505.33 官使婢～

冓部

0303

再

169

- 68.103 蓬～
- 159.28 伏地～拜言
- 239.44B ～拜
- 124.19 二百～行
- 271.7B 再～再再再
- 43.31A 伏地～拜
- 485.22 敞伏地～拜言
- 271.7A 樂成伏地再拜再～
- 308.42A 奉謁伏地～拜
- 132.31 以爲使者～

幺部

0304

幼

32

- 167.4 ～子承詔
- 506.8 ～聖
- 10.16A ～孫少婦足下

486.92B
梁～都滄

叀部

0305
惠

7

5.11
子〓～

564.19A
王子～錢六百

287.13
方子～所

玄部

0306
玄

3

456.5B
長～敢言之

予部

0307
予

27

407.1
若～采讙兒

224.26A+254.16A
都予～

104.9+145.14
候史褒～萬歲候長

233.17+233.10
辄賦～如府書律令

185.34A
若子其所取錢～中男

36.20B
壽已～市人兩雎

10.40 襍～閣

0308 舒 35

62.1 春～里士伍郭

273.28 隧長～受守卒史未央

58.15A 官女子周～君

放部

0309 放 36

122.14 第四候長夏侯～

231.25 制虜隧卒張～

132.24 南界士吏張～

0310 敖 2

81.8A 櫜佗誠～隧長吾

𠬪部

0311 爰 47

49.25A 右自證～書

89.10 右自證～書

485.10 言之～書

10.34A 衣財物～書名籍

42.11A 疾卒～書一編

6.13 它如～書

0312 受

277

326.5 它如～書

34.9+34.8A 部遣吏迎～

231.92 恭親面見～教

273.28 隧長舒～守卒史

505.19 ～沙頭卒張詡

88.12 不～掾所假丹弩

35.24B 伏伏伏大受～

154.5 甲渠掾譚～皆

290.2 ～降隧卒孟輔

227.107 ～曰

126.34 ～遣

170.4 ～卒同

130.11 明～

203.2 同～收降卒嚴

142.35 誼～當遂里

225.21 立和～

0313 重 𣪊

442

敢 81.8A ～言之

265.11A 誠北候史良～言之

81.8A ～言之

81.10 都鄉嗇夫長～言之

57.10A 守丞安昌～言之

110.1A+110.5A 隧長護～言之

284.2A 肩水候丹～言之

52.45 ～言之

127.29 隧長忠～言之

127.31 尉史常～言

43.12A 佐赦之～言之

523.23 ～言之

206.18 ～言之

241.11A 尉史博～言之

203.47 錢簿一編～言之

68.5 隧長則～言之

486.67 死罪～言之

122.7 隧長育～言之

181.10 都鄉嗇夫長～言

282.9B ～言之

234.28 延壽～

6.13 ～言之

75.9 ～言之

3.20A 甲渠候長就～言之

128.1（47） ～言之

128.1（76） ～言之

128.1（61） 叩頭死罪～言之

128.1（46） 叩頭死罪～言之

128.1（62） 叩頭死罪～言之

128.1（32） 叩頭死罪～言之

486.74
界中～言

128.1（15）
叩頭死罪～言之

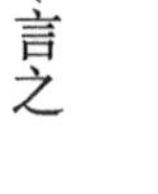
3.35
史商～言之

歺部

0314

殄

43

278.7A
十二月壬申～北

148.8
～北督蓬

89.2
除沙～北

死部

0315

死

168

96.1
驛馬病～爰書

237.4
叩頭～罪死罪

486.2
坐罪當死叩頭～罪

133.6A
叩頭～〓罪〓

231.11
叩頭死罪～罪

253.1
病～

231.11
罪當萬～

219.36
～

486.21
罪～罪

486.67
～罪敢言之

257.10
～罪死罪

42.24
病不幸～

128.1（76）叩頭～罪

128.1（46）叩頭～罪

128.1（31）候長叩頭～罪

128.1（61）部候長叩頭～罪

冎部

0316 別 30

455.11 ～案校錢穀鹽鐵

310.19 第五丞～田令史

317.6 牒～言

肉部

0317 腎 2

258.13 買～二具

286.19B ～十

0318 肺 2

286.19B ～六十

0319 肝 1

286.19B ～五十

0320 胃	0321 腸	0322 膏	0323 肊	0324 背	0325 重 肩

3	3	1	1	2	284
 286.19B ～百桒百錢  233.1A ～百  68.98 ～（謂）子長	 286.19B ～益冊	 149.19+511.20 傅～藥	 233.1A ～五十	 24.13 青～又責臨之隧長	 14.3 ～水候  81.8A ～水都尉府  199.22 ～水金關  120.101 ～  478.7 餔食～相代社  288.2 ～水金關  491.10A ～水都尉  288.16 ～水府左掾門下  10.6 ～水關嗇夫

0326 肱

2

4.4B 三月廿日病兩～葥急

4.4B 三月旦病兩～葥急

0327 臂

7

127.24 長～曲戾

78.33 周士爲取弩～

412.4 廣持木長～

0328 腹

8

275.8 乙酉病心～

5.18+255.22 即日疾心～

293.5 心～丈滿

0329 脛

2

159.9A 久～刺廿鍼

0330 胻

1

[illegible] 88.7 ～以次傳行

0331 腆

1

290.4 ～毋狀當并坐

0332 胡

127

488.1 ～豆三

117.30 貰買執～隧卒

349.43 乘～隧

128.1（24）右破～隧兵物

457.18A 舉以～虜入塞

128.1（55）右破～隧

0333 脯  8

※486.60
～

269.5
治～

0334 脩  10

231.112A
廢頓不～

195.1
～書

284.27
職不～治

刀部

0335 刀  15

122.7
又紬大～欲賊傷吏

171.9
持～劍

551.43
把～一枚

0336 削  7

80.13+350.8
四年以來～

142.25A
一人～工

82.1
劍～

0337 利  91

478.11
～以功次遷

227.12
公乘王常～

7.31
廣阿臨～里潘甲

139.9
不調～

0338 初  84

68.2
～元五年

311.28A
中陽里呂～

37.49
～初元五年

（初，續）

311.15A
～元五年八月己酉

82.27
～元五年九月辛未

311.15D
初～

552.1
建～初初

552.1
建初～初

260.18A
～雖勞

0339 則

23

428.7B
辟則～以因

198.8
里鄭～

506.8
～昌

0340 副

7

255.21B
告劾～名籍

29.4
柙墨～

118.17
～衛司馬

0341 辨

9

7.31
參～券

324.12A
～諸塢門户具

210.35
～衣裳

0342 列

4

5.3+10.1+13.8+126.12
郡國調～侯兵

108.18
燔一積薪～隧

0343 制

20

16.11
改更舊～

332.26
～曰可

311.22
～曰可

0344 罰

11

231.14B
隧長龍張～

336.20+336.38
行～

110.24
議～

0345
券

29

155.13A
～在宋始

7.31
參辨～

65.7
出入六寸符～

0346
刺

23

剌 482.19
～史治所

214.37
～史杜君

225.8
倉毋出～

刾 190.21A
從史霸出奉～

刲 317.3
建昭元年三月過書～

159.9A
～廿鍼

刃部

228.18
～一

0347
劒

34

40.1
持～亡

171.9
持刀～

角部

0348
觻

113

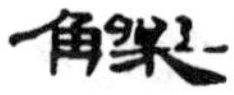
34.9+34.8A
～得二人送囚昭武

37.35
候長～得廣昌里

75.1
駮南亭長～得壽貴里

585.4
~得

0349
觸

1

387.22+407.4
~諱忘言

0350
衡

3

衞 10.27
水~抒大官御井

180.40A
守父靳子~

0351
解

73

242.23
~

113.28
蓬~隨

78.11
下茭屋梠~隨

181.1A
~何

0352
觚

2

169.1B+561.26B
奇~與眾異

169.1A+561.26A
奇~與眾異

第五　竹部——桀部

竹部

0353 箭

25

83.3A 纍虜候長弓~四發

82.1 ~編不事用

128.1（29）~八十八枚

128.1（26）盲矢銅鍭~五十枚

128.1（64）~八十八枚

128.1（50）~八十八枚

0354 節

40

126.26A 地~四年三月

126.26B 地~四年三月

5.18+255.22 四~不舉

255.24B 盡地~二年吏除

255.24A 盡地~二年吏除

125.8 地~

0355 籍

107

81.10 户~臧鄉

81.10 名~如牒

75.28 名~如牒

203.15 卒家屬名~

58.16 省卒家屬名~

45.15 病卒名~

0356

等

121

10.34A 爰書名～一編

255.21B 告劾副名～

24.4 賜勞名～

76.42A 籌～見共毋

75.28 史覆偃～名籍如牒

45.1A 東利里父老夏聖～

7.5 ～

124.2 庚戌虜卒道～六人

214.34 謂候長建國～

103.43A 上～

3.28 告尉謂候長賞勳～

124.2 已問道～係安在

176.55 召臧～詣

101.4A 叩男女～耳

68.32 ～趣

111.4C ～寫移檄到

271.18 候長嘉候史宏～

56.21 長～敢言之

0357

符

39

332.12 使者～合迺

257.22 迺壬申直～

65.7 右移金關～合以從事

95.2B 令史嚴奏發檄～

486.53+486.5 治所封～爲

231.12 迺壬子直～

0358 笥

3

- 220.18 ～一
- 521.34 葦～一合

0359 籌

1

- 76.42A ～等見

0360 算

32

- 270.11 謹案吏功～
- 407.11 方相除定負卌五～
- 180.40A ～身一人
- 82.18A 大司農部丞簿録簿～

0361 第

685

- 393.5 ～卅五隧蘭一完
- 166.1A ～十六隧
- 203.1 ～廿八隧長馬萬
- 159.2 ～卅八卒朱廣

0362 簿

188

- 479.14 ～共
- 36.16 迹候～
- 45.24 十二月日迹～
- 54.23A 隧長更生壘亭～
- 82.18A 大司農部丞簿録～算
- 128.1（76）四時～一編

128.1（47） 月言～一編

128.1（33） 官兵釜磑月言～

128.1（32） 月言～一編

59.11 廩直～

箕部

0363 箕

15

89.17 ～山

30.12 ～山

145.17 ～山

0364 重 其

207

15.2 ～六月甲子

387.24+387.25 未知～變

527.1A 二～

127.25 ～一

80.10 ～十七人養

185.34A 若子～所取錢

49.26 ～若干幣絶

104.29 卒三人～

左部

0365

左

111

145.32
~遮虜東

435.6A
~目潤

10.34A
~前候長禹敢言之

162.16
公乘鄴~都里崔黄

288.16
肩水府~掾門下

5.18+255.22
~前萬世隊長

491.10A
~部司馬

114.22
公~君萬敢言

工部

0366

工

47

520.15
取始~里公

113.18
一人護~

188.11
領□帛~

0367

巨

7

413.6A
子程從君~買

413.6A
君~去時與

238.12
~犯蘇蔘

甘部

0368

甘

31

478.14 ～露二年七月

146.12 右～露元年

52.32 ～露二月

0369

甚

95

303.14A 幸～

68.81 其亭～善

326.7 ～毋狀

81.5B 叩頭幸～

121.5 北如何～

41.18A 得聞起居～

曰部

0370

曰

144

124.2 道～係迺甲辰

332.26 制～可

20.9 廷尉受制～

10.34B 印～藺禹

387.19+562.27 車騎將軍下詔書～

20.6 劾狀辭～

332.1 印～張猛

203.29B 官移府檄～

171.8 持□歸隧明旦告輔～

169.18 肱部治所録～

311.22 制～可

227.107 受～

0371
曹

24

279.17
倉～史孫卿

286.8
卒～放取

283.16
正月丙辰功～

139.28
金～調庫賦錢

曺 505.4+505.1
～左史尋詣門下

101.23
魏華里大夫～世

340.12
自持此書行詣～

236.5
計～許建

乃部

0372
乃

9

505.25
至～踰法度

※486.107
君～

※484.3
積七日～詣隧

0373
逎

51

478.26
～

72.26
隧卒候禹～

3.8
～五鳳三年中爲候官

145.15
～四年十二月

231.12
～壬子直符

丂部

0374 寧 34

- 231.92 丁～
- 160.16 候長願以令取～
- 33.22 癸亥取～

可部

0375 可 109

- 6.16 責不～得
- 29.14 己～見矣
- 88.3B 去塞～百里
- 201.7 责不～
- 10.21 今～得出不
- 180.34 不～用
- 68.67 衣幣不～衣
- 3.4 不～得
- 104.23A 即～
- 206.5 制曰～
- 332.26 制曰～

0376 奇 10

- 28.13 第世三卒夏～ 竒
- 6.12 丗六算～十三算
- 169.1A+561.26A ～觚與眾異

兮部

0377 乎

5

126.30 傳不云～

346.8 何持～

76.43B 何日商～

亏部

0378 亏

35

243.13 騂北～相

亐 517.1+514.39 士五淳～龍

220.18 ～二

于 6.13 矢數～牒

562.4 呼韓單～

0379 平

233

37.50 ～里曹式自言

51.13+121.25 二月丁巳～旦入

119.6A 建～元年

505.13 子男居延～里衛良

284.2A 河～四年十月

515.2 居延～明里

15.18
建～三年閏月

203.6
建～五年十二月

159.1
戍卒陳留郡～丘陰里

178.26
～旦入

35.22A
河～五年正月

514.4
元～元年四月

515.25
田卒淮陽郡長～南

290.8
建～五年八月

194.15
呂少～

喜部

0380
喜

28

136.41
～謂第四候長

139.36+142.33
甲渠鄣候～告尉

195.5
～謂第四候長

0381
憙

17

387.12+562.17
公乘糞土臣～

485.21
～即北

178.16
～踵迹逐到第十隧

壴部

0382
彭

39

133.5
王～印

564.6
成功～祖

89.17
董～

0383 嘉

嘉　20

178.27A 鴻～元年

3.24 鴻～二年十月

276.1A 鴻～二年四月

鼓部

0384 鼓

鼓　6

485.49 ～

506.1 ～一

513.29 ～下卒十人

豆部

0385 豆

豆　12

488.1 胡～三

162.20 ～卌五

162.17 ～五十九

豐部

0386 豐

豐　31

※233.45 昌嚴～

480.5 ～不以褒付尚

73.37 ～以私

505.13 居延計掾衛～

42.7 張～成

266.14B ～

虍部

0387 虞

11

171.18 昌里～武彊

229.6 備不～爲職

119.8A 來物～叩

皿部

0388 盛

6

181.9 武長伯～寒

495.4B ～寒不和

506.1 藥～橐三

0389 盧

8

139.9 ～不調利

227.31 畢𨗨鹿～

0390 盆

3

220.18 ～二

0391 益

20

191.6 延～部吏趣

241.1 樂～之二千四

20.6 公乘日勒～壽里

0392 盈

2

10.37 辛～川

0393

盡

239

8.1A
正月～十二月

214.22B
～三月四時簿算

45.4A
五鳳三年十月～四

255.24B
～地節二年吏除

11.3
四月庚申～戊子廿九

255.24A
～地節二年吏除

甲附 9A
甘露二年十月～

84.20A
正月以來～十二月

128.1（11）
敝～不任用

128.1（27）
敝～不任用

128.1（72）
敝～不任用

去部

0394

去

88

108.20
有大眾不～

505.38B
～都倉三十餘里

73.29
府～鉼庭百五十二

72.4
謹道～年二月中

403.10
私～署之它亭聚會

181.1A
～降虜隧百五十九里

403.19+433.40+564.28
～塞百餘里

130.9A
昨日～

14.5A
～

278.7A
虜即西北～

丶部

0395
主

51

72.4
音送安都將軍與～

71.43
～官令史

176.46A
～簿

49.34
河水中出塞時便～迹

160.19
故吏野～

85.19
～獨自

72.31
審寄～

4.30+4.32
不侵隧長～買忠

丹部

0396
丹

8

486.20
李～歸取

88.12
本不受掾所假～弩

284.2A
肩水候～敢言之

88.12
～庠免在居延

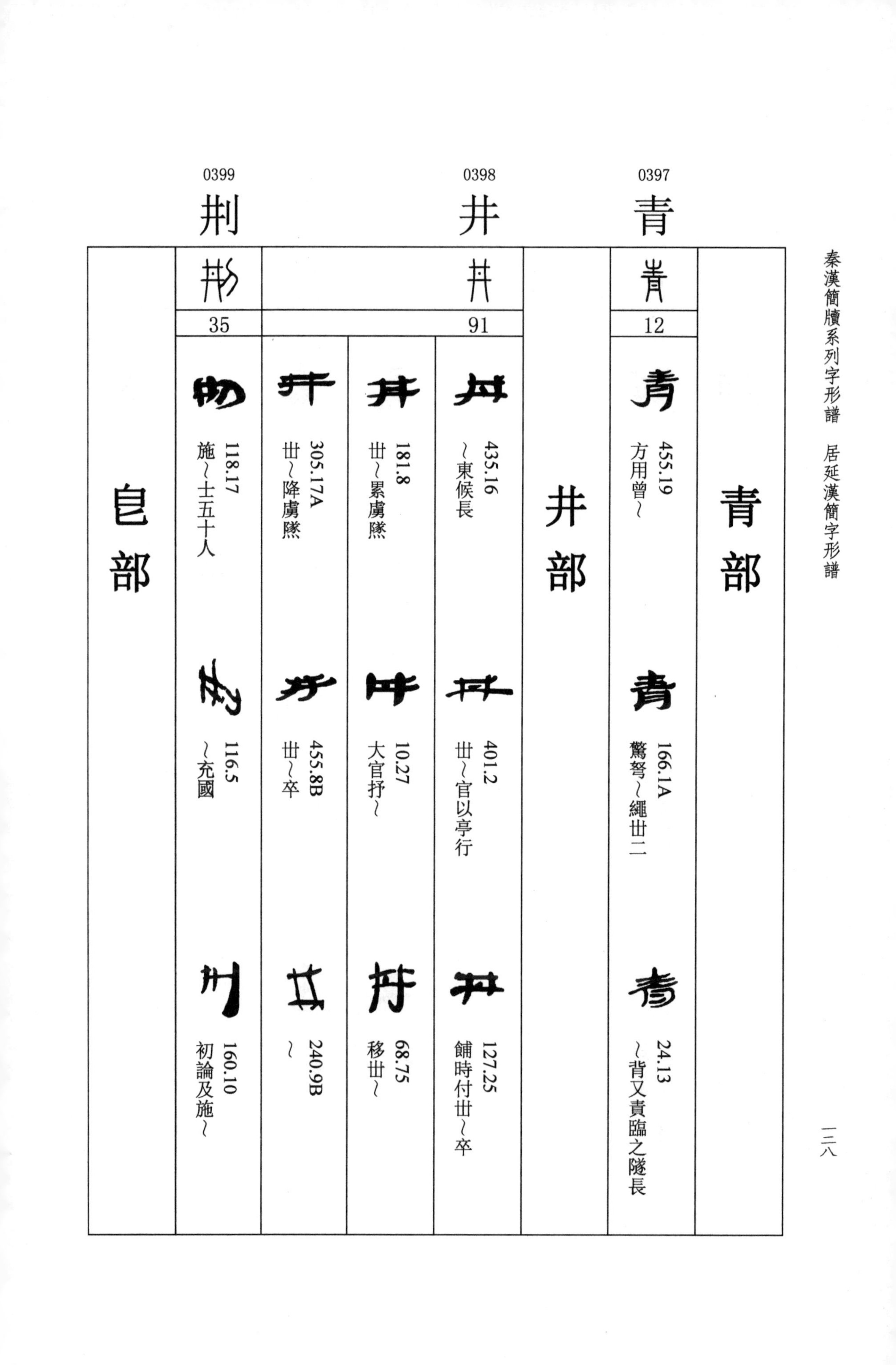

青部

0397 青

12

- 455.19 方用曾～
- 166.1A 驚弩～繩卌二
- 24.13 ～背又責臨之隧長

井部

0398 井

91

- 435.16 ～東候長
- 401.2 卌～官以亭行
- 127.25 餔時付卌～卒
- 181.8 卌～累虜隧
- 10.27 大官抒～
- 68.75 移卌～
- 305.17A 卌～降虜隧
- 455.8B 卌～卒
- 240.9B ～

0399 刱

35

- 118.17 施～士五十人
- 116.5 ～充國
- 160.10 初論及施～

皀部

0400
即

97

512.2
不能區處而~盜

273.12
~有物故

132.20B
~絳取絡

甲附16
埻道帍皆應令~射

52.12
~日病頭恿寒炅

5.18+255.22
~日疾心腹

227.89
官~留廣

6.13
~石力

108.10
~舉火

507.3B
~當入王並一兩

485.21
憙~北

408.2B
廣意丈人~

皀部

0401
爵

34

306.4A+5.9A
神~元年四月

202.9
神~元年

250.23
奪~一級

食部

0402
食

468

267.8
七月~三石

244.4+244.6
正月戊寅蚤~入

×71.2
月~

0403

養

26

228.29
入十二月～

478.7
餔～肩相代社

137.15
月～

203.18
七月丁亥蚤～入

73.29
辛未夜～二分通府

233.14
五月～三石三斗

401.4B
出粟八斗中～馬

40.26
～乏

203.14
十二月～三石

52.61
右斗～斗吏二人

75.9
五月～名籍一編

349.14
夜～時

14.5A
戜持～五六

24.5
以～

231.36
給卒一人六月～

170.4
又蚤～盡北連表一通

※N44
予奉～

169.6
六月～三石

448.1
六月～三

414.1B
胡褒一月～

113.27
七月辛酉蚤～入

80.10
其十七人～

188.1
一人吏～

512.1
～牛

0404
飯
5

157.25A 願子長彊~自愛

221.29B 强~完意

0405
鋪
50

413.8 己酉日下~入

168.15 亥下~入

203.2 下~

0406
餘
148

61.18 ~錢百廿

273.22 十一月簿~穀

63.14 入市~錢二百五十

507.3B 粟~當爲五百卅六石

14.5A 十~日急

110.26 賦~錢千三百廿九

乙附 19 六月簿~槥櫝六具

128.1（50）十二月~官弩二張

505.38B 去都倉三十~里

人部

0407
合
43

332.12 使者符~迺

14.11 夜舉離~苣火

65.7 符~以從事

130.15 出北書八封二~

128.1（29）釜一口磑二~

128.1（27）磑一~

0408

今

176

- 157.14 ～橔板橔各一
- 128.1（44）釜一口磑二～
- 128.1（34）釜一口磑二～
- 157.14 ～橔牛駿印
- 128.1（23）磑一～
- 62.27 ～三無塞有秩候長
- 10.17 ～肩水候官士吏
- 353.1 ～力三石卌六斤
- 217.14 ～日良日
- 178.10+190.16 ～不見
- 99.5 ～餘穀千七百六石
- 267.3 ～安在
- 191.7 ～故書記相聞
- 190.40 ～二千一百
- 303.14A 幸賜承光書幸甚～
- 128.1（3）～餘官弩二張

0409

舍

56

- 24.3 傳～以郵行
- 273.21 長平北莊里丁～人
- 126.13 君～

175.8A 恩呼～行

478.40 至～問丈

會部

0410

會

99

203.18 當～月廿八日

506.27 賦就人～水宜禄里

35.7 邯～卒王武

259.11 詣官～辛亥旦

139.36+142.33 ～月十五日詣言府

7.7A ～月廿八日夕

倉部

0411

倉

96

72.6 ～庫户封皆完

15.18 ～丞敞移肩水金關

257.22 ～庫户封皆完

505.38B 去都～三十餘里

204.5 居延～長禹移肩

225.8 ～毋出刺

204.9 郵行北部～

入部

0412 入

484

203.17 八月甲午日中～

128.1（44）毋出～

101.27 凡還～千八百五十九

65.7 出～六寸符券

113.27 七月辛酉蚤食～

501.8 其出～毋必令將軍見

395.11 以毋故～人室

225.7B ～木先

395.8 十月丙辰日中～

0413 内

48

52.45 錢財物臧～户

266.16 謹行視錢財物臧～

59.31 收放治所～中

缶部

0414 缺

20

116.52 根徒補～

509.21 田秋～

104.2 隊長成安免～

128.1（23）上蓋～二所

128.1（68）上蓋～二所

矢部

0415 矢

174

71.24
~二百

120.106
~三百

128.1（57）
盲~銅鍭箭五十枚

214.64
部寅~卅四

128.1（41）
盲~銅鍭箭五十枚

13.10
陷堅寅~百完

128.1（10）
盲~銅鍭箭五十枚

128.1（26）
盲~銅鍭箭五十枚

521.3
稾~六

※443.×2
稾~

142.16
發~十二

0416 重 射

62

203.18
不持~具

6.5
蓬隧長以令秋~

203.24
謹持弩詣官~

81.5D
金長~爲誼所嬉

0417 矦

49

114.18
滅寇隧戍卒~訞

72.26
隧卒~禹迺

5.3+10.1+13.8+126.12
郡國調列~兵卌二

506.28 隧卒孫～廣谷隧卒

32.14A 以寄任子～

473.7B 譚報～卿幸許

122.14 第四候長夏～放

0418 短

短（小篆）

2

188.22 木～茭積頃

0419 知

知（小篆）

64

13.4 不～何一步人迹

160.9A 前不前不～爲動

387.24+387.25 未～其變

0420 矣

矣（小篆）

1

29.14 已可見～

高部

0421 高

高（小篆）

84

81.8B 馬一匹～六尺

111.7 候史利上里～何齊

506.3 牡齒九～六尺

81.8C 櫜馬一匹～六尺八

95.7 不侵隧長～仁

0422
亭

219

68.81 其～甚善

39.12 甲渠官～次走行

506.10B 界～

401.2 卌井官以～行

59.21 以～行

438.1 胡～木枓二

103.42 責廣地破胡～長

506.10A 城官中～治園條

冂部

0423
市

60

300.8 置佐遷～蕫二斤

63.14 入～餘錢二百五十

60.2 復作大男蔡～

349.45 宜～大

258.4 給令史張卿爲～

103.27A 寄卿～錢七百八十四

0424
央

16

484.18 ～移甲渠候官假佐

44.8 山～迹

273.28 舒受守卒～未央

京部

0425
京

9

京 498.4
故～輔

208.4
卒～賀自封

280.4
～兆尹長安棘里

280.8
～兆尹長安南里

288.30
詣～尉候利

43.4
金城里公乘～如

0426
就

57

506.27
賦～人會水宜禄里

506.26
所賦～人錢名

505.15
賦～人表是萬歲里

231.14A
馮君～多問

3.20A
甲渠候長～敢言之

77.53+77.56
～里唐宣

231.104
延～醫藥敢言之

350.12
運茭～直

57.10B
守嗇夫延年佐～

㫗部

0427
厚

25

81.5C
大～叩頭死罪

178.14A+190.36A
～叩

582.8
天所～

畐部

0428

良

48

160.9A 勳守丞～居延

160.9A 自者周掾～掾郡

25.12 謹遣受降隧長～

265.11A 誠北候史～敢言之

4.4A 鉼庭隧卒周～

80.9+350.17 隧長孫～十月

221.29A 足下～苦官

㐭部

0429 重

廩

102

177.12 ～士吏滑漢昌六月食

57.16 趙忠～

505.25 ～諸當之延城

124.2 庚戌～卒道等六人

5.16 ～名籍

244.4+244.6 憚將部卒詣官～

507.3A 其十五石～柱馬

178.10+190.16 常書言～吏卒

嗇部

0430

嗇

71

81.10
都鄉~夫長敢言之

255.28
~夫久

312.16
居延庫~夫

505.37A
廣明鄉~夫宏

99.7
~嗇

539.8
關~夫嬰齊

來部

0431

來

192

81.6
諸部往~書

73.7
止北隧長李宗以~

9.1C
往~

147.9A+181.14A
毋得~也

59.34A
元黨寧可~

※N67A
癸巳~職

435.5
十月癸巳卒以~

111.4B
往~行者

37.17B
以~

181.2B
八月庚子以~

55.19+137.1+254.20
六月丁酉門卒同以~

麥部

0432 麥

113

239.105 出～一石九斗

126.32 出～二石

177.16（3）十一石六斗麥

126.17 出～二石

126.14 出～二石

夊部

0433 致

50

59.8 同至今不～輸

332.20+341.13 得書～令長丞閱具

523.5 方案～

75.21A 請甯卿～記

95.12 載穀三十斛～官

0434 憂

12

455.1 入毋～隧長胡賜

341.7 去～

0435 夏

26

122.14 第四候長～侯放

10.10 年廿四姓～氏故民

10.27 五月二日壬子日～至

45.1A 東利里父老~聖等

弟部

0436 弟

31

35.7 ~六

29.9 右~一車十人

41.9 食~六卒蔡毋畏

5.3+10.1+13.8+126.12 置孝~

10.2B ~病語者

久部

0437 久

47

403.29 嗇夫~

255.28 嗇夫~

179.6 庫受嗇夫~廿三

159.9A ~（灸）脛

桀部

0438

乘

179

37.35
公～禮忠

62.32
～方相車

75.23
居延廣都里公～屈並

349.43
～胡隧

43.20
軺車～

43.9
入方相一～

162.16
公～鄴左都里崔黄

45.12
公～居延臨仁里

第六　木部——𨛜部

木部

0439 木

109

188.22
~短茭積頃

208.1
~中

112.14
右臨~隧卒

128.1（25）
力四石五~破

128.1（9）
力四石五~破

127.29
酉臨~隧長忠

128.1（4）
力四石~關

62.25A
入長~五

128.1（35）
力四石~關

0440 李

107

178.30
尉史~鳳

486.20
~丹歸取

203.19
~護宗

51.5
大昌里不更~惲

15.22
公乘~參

114.21
~蓬字游君

157.2
卒~何傷

160.19
卒~雁故吏野主

82.9
~年槀矢五十

（李，續）

- 84.14 士吏～奉
- 15.4 騎士壽光里～充
- 68.81 甲渠第卅七隊長～
- 176.11 白報～□

0441 桂

桂　8

- 488.1 ～十二
- 89.2 ～四分
- 506.7 ～耶

0442 杜

杜　36

- 68.10 梓～
- 214.37 刺史～君
- 507.3A 受～君榜稈卅石
- 3.8 故甲渠候～君掾

0443 楊

楊　33

- 103.36 候長～望
- 157.2 卒～湯三石二斗
- 74.17 使者～君至都亭

0444 柳

柳　7

- 387.1 小月氏～羌人
- 157.2 卒～世三石二斗

0445 桐

桐　22

- 6.21 臨～隧長徐當
- 311.15B 臨～隧長仁
- 71.54 臨～隧略得

0446
梗

2

71.19 ～大小葦

0447
某

2

560.24 府從戍卒～等

0448
本

44

120.60 ～始五年

255.24A ～始二年

255.24B ～始二年

0449
朱

33

166.10 第十隧卒～彼

131.29 隧長～

159.2 第卅八卒～廣

0450
根

18

157.11 甲渠士吏孫～自言

123.61 ～意恐

46.23 ～不肯見誼

0451
條

6

227.1 凡十一～

506.10A 城官中亭治園～

73.8 可省減罷～

0452
枚

87

486.62 所作箄一～

484.1 錢貫八～

551.43 刀一～

※121.16 河東絳邑亭長～段

157.18 脯十～

19.47 今餘權三～

128.1（2）
箭八十八～

128.1（3）
箭八十八～

128.1（64）
箭八十八～

128.1（50）
箭八十八～

128.1（18）
箭八十八～

14.5A
各廿～又繩

0453
稟

1

槁 70.12
～

0454
材

8

142.28A
許爲賣～

103.27B
復出三千～

136.38
爲君舍取薪山～

0455
柱

13

58.27A
陽朔五年三月作～

507.3A
其十五石廩～馬

7.30B
沙頭卒□～

0456
椽

1

130.8
～受路伯

0457
梠

1

78.11
下茭屋～解隨

0458
桓

2

62.7
～君仲出

0459 櫝 13

157.20A 爲藁一～

190.38 蒹～毋減六具

乙附 19 餘槽～六具

0460 梧 9

220.18 小畫～十

89·13B 故大～五

杯 285.18 脂少一～

0461 案 68

337.12 ～尤殿者

214.102 亭～赦之除

×231.53 謹～

523.5 方～致

228.31 年功～

264.36 ～發

0462 料 3

438.1 胡亭木～二

0463 杖 2

112.10A 以～畫之

0464 椎 13

506.1 木～二

305.17A 出火～鉆二

46.29 户關～楪皆故

0465 椄

2

- 506.1 ～楪三

0466 樂

72

- 239.75 年臨～
- 271.7A ～成伏地再拜
- 55.22 執胡隧卒司馬～
- 387.16 往來牧表是～
- 239.118 ～伏地再拜
- 36.2 ～吏毋告劾
- 255.4 氏池長～里
- 36.2 求～不得

0467 槧

8

- 278.7A 毋爲虜所萃～
- ※186.×3 ～（槷）绳
- ×328.29A 報蕭次～

0468 札

17

- 3.25 ～五通
- 10.8 ～二百
- 234.35 ～三百

0469 檄

112

- 505.19 南單～詣城官
- 311.15B 官～
- 174.22 府～曰殄北守候
- 119.17 充比～
- 111.4C 寫移～到

0470 梁
22
486.92B ～幼都滄
104.17+101.15 第廿三隧長～當時
511.12 戍卒～國

0471 采
2
407.1 若予～讙兜

0472 横
12
16.4B 屬沈書佐～
517.23 定陶東陶里周～
10.31 ～以私印行候事

0473 某
4
42.21 候史長〓～〓
286.19B 胃百～百錢

0474 休
7
560.24 ～某等
456.5A 一人王美～
126.3 紹～聖緒

0475 櫝
3
蒹 乙附 19 餘～櫝六具

東部

0476 東
132
533.2 河～皮氏成都里
100.1 ～郡戍卒
15.3 給～望隧長

28.10 戍卒鄴～利里

181.1B ～界

435.16 井～候長

445.6 海～凡六石十二

33.8 樂浪遼～

146.3 戍卒東郡畔～成里

323.1 卒昌邑國～

77.11 ～方衛愚家有

311.7 大～

35.23 戍卒河～北屈賈害

279.8 河～臨汾邑

之部

0477

之

675

284.2A 敢言～

53.12 父母問之～之

63.9 言～謹移

38.28 勝～夫妻當田之

54.21 敢言～

52.45 敢言～

181.2A 留如律令敢言～

77.69 兼～

24.13 謁報敢言～

403.13 敢言~

74.7 敢言~

89.23 敢言~

161.9 敢言~

191.8 赦~

231.12 敢言~

128.1（31）叩頭死罪敢言~

出部

0478

出

677

203.5 ~梟一絜

50.26 凡~入關傳致籍

160.17A 王口~七斗米

131.23A ~穀七

502.3 ~亡人赤表函

29.3B 吏民~入籍

433.11 ~錢千八百

350.62 亭長並~

160.17A 董倩~五斗八升

11.12 ~錢九百

175.9 ~糸承弦十八

65.7 ~入六寸符券

112.10A
何得～

15.5
皆六月丁巳～

413.4
銅鍭六十四毋～入

128.1（44）
毋～入

310.19
鐵器～入集簿

43.5
月丁未口～

6.7
～入天田迹

0479 賣

42

10.34A
戍卒貰～衣財物

286.19B
～雠直六百七十

142.28A
決～之

米部

0480 索

42

354.4
～長四丈五尺

145.25
任卿立俱庾～

157.1
聖～父振爲甲渠

0481 南

172

505.19
～單檄詣城官

231.88
出俱起隧～天田

334.46
河～平陰尉史

81.2
誠～候長王士治所

128.1（33）
廣地～部言

130.8
入～書二封

127.25 ～書三封

128.1（14） 廣地～

128.1（63） 廣地～部言

75.1 駮～亭長

20.12A 官〃移大守府所移河～

15.2 ～陽里狄奉

515.25 田卒淮陽郡長平～

生部

0482 生

16

275.13 程～

311.2 刃～

508.9 ～再拜請

0483 産

5

520·2 ～犢一

306.12 及畜～皆毋

桼部

0484 桼

18

226.20 ～十天

231.77 三年～

※486.28 斛～斗少

東部

0485

東

80

70.7 入茭十～

33.24 率人八～

560.25A 用茭四百九十二～

168.21 率人五十～

39.27 ～積卌八日

橐部

0486

橐

80

100.38B ～佗中部候長程

81.8A ～佗誠敖隧長

81.8C ～馬一匹

488.2 正里縜春衣～

77.29 ～佗候長

口部

0487

回

7

145.25 任卿立俱廋索～

282.9A 趙子～錢三百

142.28A 今霍～又還去

0488 國 140

- 143.28 武賢隊長陳安～
- 96.1 始建～三年正月
- 323.1 卒昌邑～東
- 110.17 始建～二
- 10.24 卒馬～取
- 154.1 始建～天鳳二年
- 303.40 田卒昌邑～
- 65.18 居延屬～

0489 園 8

- 506.10A 城官中亭治～條
- 267.17 一人守～
- 267.22 一人守～

0490 因 47

- 428.7B 辟則則以～
- 227.102 卿～
- 140.30A ～言賞欲得靡
- 34.3A ～言

0491 囚 6

- 34.9+34.8A 送～昭武
- 511.1 毋～
- 523.9 毋～

0492 固 16

- 206.24 一人～病
- 128.1（53） 鍉有～（錮）口
- 128.1（67） 鍉有～（錮）口

0493
圍
圍
1

260.16B
丈三～

員部

0494
員
員
11

271.22
吏～百八人

514.2
吏～

112.16
卒～三百

貝部

0495
貝
貝
9

490.3
～丘第九車

311.12
戍卒魏郡～丘秠里

82.9
田卒魏郡～丘武昌里

24.6
一兩～丘第五車

0496
財
財
26

14.1A
兵穀～物簿

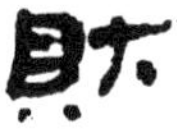
10.34A
謹移戍卒貰賣衣～

272.6
哀憐～省

0497
貨
貨
1

16.11
～錢古惡

0498 賢

51

- 504.4 分～步所
- 143.28 武～隧長陳安國
- 6.13 即石力～
- 6.13 候長～自言
- 15.21 觻得石成里諒～
- 180.19 第卅四隧長趙～

0499 賀

13

- 312.16 居延庫嗇夫～
- 14.28 ～未有鞫毄
- 208.4 卒京～自封

0500 齎

18

- 317.6 遣尉史弘～
- 317.6 遣尉史弘～
- 7.7A ～事詣官

0501 賞

36

- 132.39 ～視事五月
- 206.27 隧長王～不在署
- 140.30A 因言～欲得靡
- ×286.30 蘇～代施

0502 賜

78

- 162.14 令～各一級
- 292.1 鄣卒史～鹽三升
- 455.1 隧長胡～錢九百
- 408.2A 幸～廣意記
- 10.25A 拜請具酒少～子建
- 81.5B 前日厚～誼

34.22 辱幸～記

238.36B 子佩辱幸～記

0503 負 54

513.23+303.39 父以～馬田敦煌

407.11 定～卌五算

279.16A ～子舉錢百八十

0504 貰 34

10.34A ～賣衣財物爰書

44.23 移卒～賣名籍

203.26 自在數蒙～守候力不

0505 責 99

201.7 ～不可

435.14 有～直

272.29A 諸官□～書

6.16 ～不可得

24.13 又～臨之隧長薛

176.32 即當～

193.30 驗問收～

0506 賈 48

63.10 第五隧卒～

157.1 持所～錢四千

35.23 戍卒河東北屈～害

0507 買 102

283.11 第十八隧長成～奴

11.12 出錢九百～弓櫝

113.29 三人～酒

0508 賦　84

171.9 ~馬牛持刀劍

32.16 ~蔥卌束束四錢

40.25 ~得

505.15 ~就人表是萬歲里

506.26 所~就人錢名

506.27 ~就人會水宜祿里

233.17+233.10 輒~予如府書律令

45.1A 秋~錢五千

110.26 ~餘錢千三百

135.4 未~

0509 貪　3

387.7+564.15 夷狄~而不仁

0510 貴　27

77.2 富~里

158.18 章充~

75.1 壽~里公乘

邑部

0511 邑　81

203.12 第六隧卒甯蓋~

303.40 田卒昌~國

※121.16 河東絳~亭長枚

323.1
卒昌～國東□

126.27A
濟陰郡呂都～粱

0512
郡

225

198.18
魏～

265.11B
它～縣者具月十日

160.9A
自者周掾良掾～

484.30
～大守

159.1
戍卒陳留～

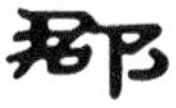
67.24
戍卒陳留～長垣新

175.12
武威金城～

15.2
將護罷卒濟陰～

120.36
濟陰～

⿰君由　100.1
東～戍卒東阿靈里

0513
都

257

303.14B
元君馬足下～尉丞

81.10
～鄉嗇夫長敢言之

533.2
河東皮氏成～里

162.16
公乘鄴左～里崔黄

509.11A+513.1A
兼行～尉事

81.8B
居延～尉府

285.9A
居延～尉

72.4
音送安～將軍與主

486.92B
粱幼～滄

0514
郵

45

132.28
居延～尉章

505.38B
去～倉三十餘里

505.19
～吏郝卿印

81.8A
肩水～尉府敢言之

148.40A
章曰居延～尉

10.29
行～尉事

306.4A+5.9A
張掖肩水～君丞卿

22.4
宿子～

130.8
皆居延～尉章

254.16A
～予予予

224.26B+254.16B
未都～未叩

78.8
十一月～書一

62.2A
府以～行

16.5A
甲渠鄣候以～行

75.10B
北～

204.9
～行北部倉

130.8
一詣張掖府～行

0515
扈

1

285.19
令史～卿

0516 郝

5

505.19 都吏~卿印

0517 鄭

35

78.7 付令史~欽

57.1A 候長~赦父

160.14 萬歲里~貞自言

0518 部

248

34.9+34.8A 六十人付肩水~

112.29 呑遠~

484.1 呑遠~錢貫八枚

71.50 第十~

244.4+244.6 憚將~卒詣官廩

71.13 ~界中

214.64 ~寅矢卌四

203.34 取~卒十五人食

185.18 第四~稾寅矢百

263.4 循行~中

169.1B+561.26B 分別~居

169.18 肹~治所録

82.7 不侵~弩

203.15 北~卒家屬名籍

81.6 諸~往來書

203.29A 迹~

199.21A 中~候長趙詡

65.18 居延屬國~農都尉

255.2 北～候長
82.18A 大司農～丞簿
491.10A 左～司馬

128.1（74）廣地南～候
128.1（63）廣地南～言
128.1（33）廣地南～言

128.1（1）廣地南～言
231.89 見～前逆迹
128.1（49）廣地南～言

0519 鄰 10

162.16 公乘～左都里
162.14 公乘～宋里
162.2 公乘～池陽里

0520 邯 7

35.7 ～會卒王武
346.1 趙國～鄲縣蒲里
346.5 趙國～鄲輸里

0521 郅 9

231.94 候長～嚴
387.24 ～支爲名
37.17A ～連廄置駙集上乘所

0522 鄧 2

214.2A ～餘錢萬七十

0523 鄒 1

100.22 居延彊漢亭長～

0524
鄣

128

174.32
甲渠～候以

16.5A
甲渠～候

14.11
虜守亭～

76.15
～候獲

136.41
渠～候喜

195.5
甲渠～候喜

95.4
甲溝～守候君

0525
郭

58

34.9+34.8A
獄城～官府

116.16
書佐～外人

326.22A
償卒～市人繻錢

𨛜部

0526
鄉

39

81.10
户籍臧～

81.10
都～嗇夫長敢言之

154.19
都～

第七　日部——朙部

日部

0527

日

759

217.1B
餘～未變更

393.1A
九～宿吞遠置

10.27
壬子～夏至

27.18
三～

502.9A
十二月乙卯～入時

244.3A
屬昨～天陰

120.72
滿五～

190.3
月十三～視事

414.1A
七月廿三～

7.7A
會月廿八～夕

128.1（30）
壬戌朔二～癸亥

62.28A
孩訊滿三～

130.8
九月十～癸亥起

339.25
廿四～

428.6
晦～

428.6
二十～

145.37
半～

145.37
六月十一～

0528 時

225

5.1
十二月四～

43.11
丁未日餔～

306.1
水門隧卒蔡當～

113.28
鋗紐不以～著

81.5B
去～卒=

5.11
且明～駕欲出

16.3
四～

7.9
皁～布

49.34
河水中出塞～

332.13
夜食～

128.1（76）
磑四～簿一編

128.1（62）
官兵釜磑四～簿

时 181.1A
定行五～

455.8B
食～卅井卒

104.17+101.15
第卅三隧長梁當～

4.23
當行二～五分

0529 早

4

262.29
～（皂）布章單衣一領

317.28
～（皂）練復絝一兩

0530 昧

9

387.12+562.17
～死再拜

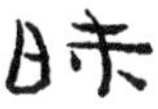
214.33A
臣調～死言

5.1
臣～死以聞

0531 昭

81

34.9+34.8A 二人送囚～武

193.25 建～二年

114.20A 建～二年滅寇亭長

137.14 ～武便處里大夫薛褒

0532 晏

12

231.90 三墷隧長平～

15.3 ～萬閏月奉

35.20A 蕭～白

0533 景

2

194.17 第二隧長～褒

0534 昏

12

昬 454.28 ～時入

67.18 ～時起官

495.13+495.28 ～時

0535 晦

10

428.6 ～日舉堠上一苣火

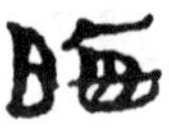

231.103 會月～

145.37 九月～日

0536 昨

7

211.6A ～日病心腹

244.3A 屬～日天陰

551.4B ～金關趙興先

昨 203.18 呑遠候長放～日詣官

0537

昌

139

※233.45
～嚴豐

37.35
候長觻得廣～里

57.10A
守丞安～敢言之

177.12
廩士吏滑漢～六月食

35.22B
令史博尉史～

323.1
卒～邑國東

564.2
氏池騎士富～里

51.5
葆鸞鳥大～里

455.10
～

334.45
雒陽北鄉北～里

73.1
第十一隧長鳳～

210.32
記到遣～詣官

506.8
則～

188.27
掾～尉史惲

0538

昆

2

387.19+562.27
烏孫小～彌烏

0539

普

5

502.3
山隧長～

76.14
止北隧長宋～

旦部

0540 旦

旦 70

15.25 二月戊午平~入

51.13+121.25 二月丁巳平~入

42.20A 會五月~

178.26 平~入

82.18B 及諸簿十月~見

73.40 二月~見

227.8 髡鉗城~孫

171.8 歸隧明~告輔

84.12 壬寅平~到

50.25 月~望城隧

335.40 ~自

㫃部

0541 施

施 23

118.17 赦將~（弛）刑

160.10 移褒初論及~刑

71.65 第十七隧~刑張達

0542 游

游 25

132.39 ~徼左褒

299.21 居延守~徼徐成

129.18+477.3 王~君

81.5A ~君容萬年毋恙

81.5B 不見~君容

晶部

0543 重

參

2

15.22 公乘李~

月部

0544

月

2386

169.13 三~乙巳

231.70B ~六日甲

77.48 ~

190.21A 陽朔三年三~

62.7 建始四年四~

6.16 ~責不可得

15.16 九~乙巳

52.46 十~四日

227.101 七~己丑

142.35 五~辛亥

169.6 六~食三石

4.25 三~癸未盡六月

0545

朔

323

212.80
十～己丑朔乙酉

130.8
永元元年九～

457.5
建武三年二～戊

130.8
九～十日癸亥起

279.8
陽～三年五月

29.3B
陽～元年六月

264.15A
陽朔～五年正月

193.1A
陽～二年四月

37.50
二月庚寅～丁未

81.10
壬子～丙辰

10.33
二月癸丑～癸亥

10.34A
六月丁巳～庚

132.12
卯～癸卯

75.9
四月丙戌～甲寅

264.33A
四月癸卯～己

306.4A+5.9A
四月癸未～乙酉

76.44
陽～二年十月

127.31
～癸亥

212.80
十月己丑～乙酉

128.1（14）
六月壬辰～一日

128.1（30）
七月壬戌～二日

336.3
壬戌～

58.27A 陽～五年三月

7.7A 六月辛卯～丁巳

72.50 正月辛未～壬午

104.12 ～

128.1（60）三月壬午～一日

284.8A 九月乙巳～癸亥

0546 霸

27

506.8 願褒～

133.2 張～

206.15 ～前入錢

0547 期

11

71.5 失～不

264.39 以失～毋狀當坐

123.55 郵書失～

有部

0548 有

199

163.15B 臨木隧戍卒～方一

435.14 ～責直

87.13 菓持官～方一

515.1 今餘～方五十四

40.5 ～方六

267.26A ～九月食

14.8 ～方一

53.12 ～宅事之

45.1A 西鄉守～秩志臣

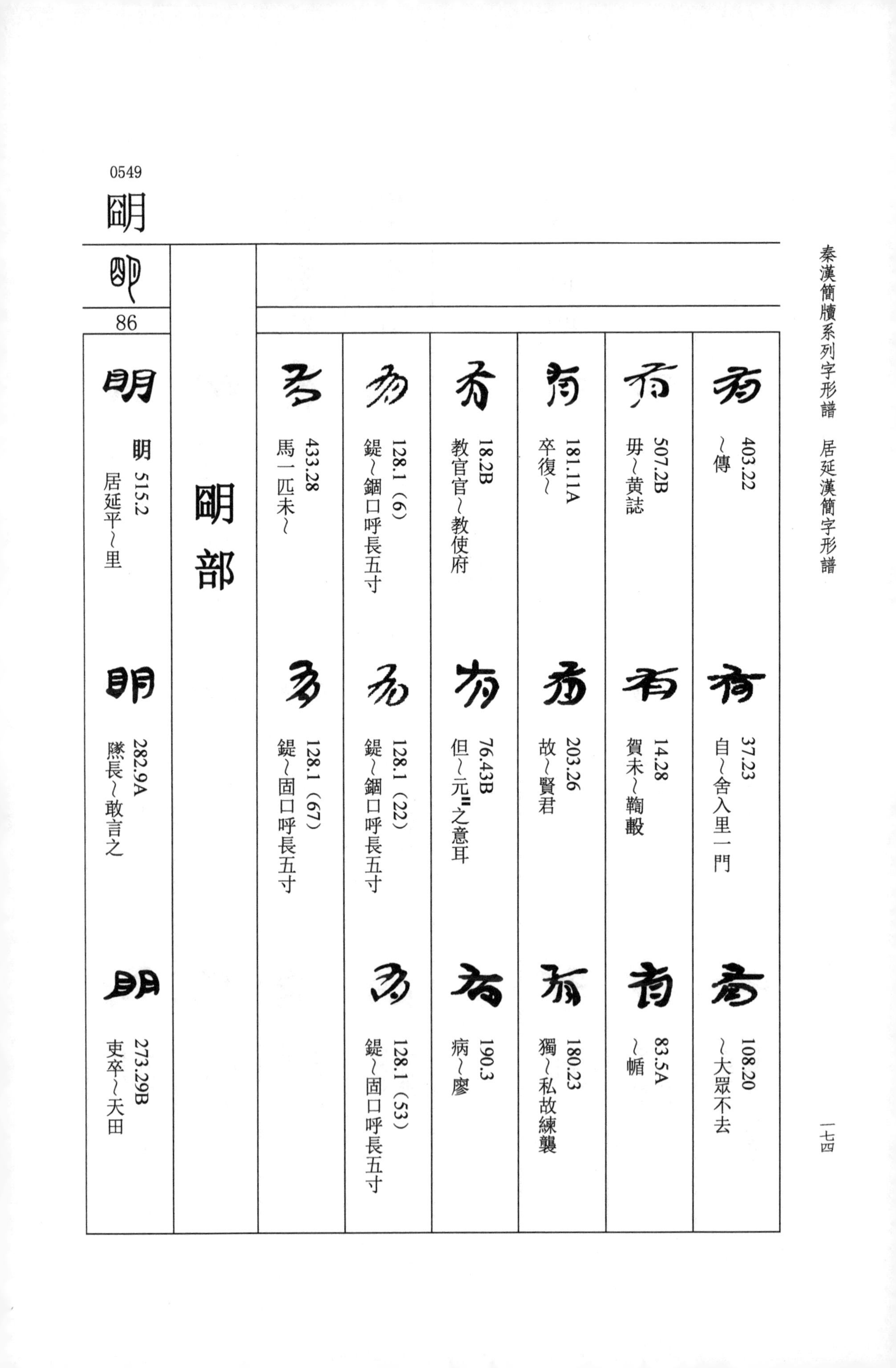

403.22 ~傳

37.23 自~舍入里一門

108.20 ~大眾不去

507.2B 毋~黃誌

14.28 賀未~鞫毄

83.5A ~蓨

181.11A 卒復~

203.26 故~賢君

180.23 獨~私故練襲

18.2B 教官官~教使府

76.43B 但~元〃之意耳

190.3 病~瘳

128.1（6）鍉~錮口呼長五寸

128.1（22）鍉~錮口呼長五寸

128.1（53）鍉~固口呼長五寸

433.28 馬一匹未~

128.1（67）鍉~固口呼長五寸

朙部

0549

朙

86

明 515.2 居延平~里

282.9A 隧長~敢言之

273.29B 吏卒~天田

171.8 歸隧~旦告輔

240.2A 下當用者~

114.21 名捕平陵德~里

夕部

0550 夜 59

349.14 ~食時

130.8 十四日~半

560.25A ~用二百五十束

84.23 一日一~

154.24 戊辰甲~中

14.11 ~舉離合苣火

52.45 直符一日一~

0551 外 28

407.3+564.13 候卒望見塞~東北

387.17+407.14 塞~

145.8 ~吏窺府書

多部

0552 多 51

78.45 隧卒樂~用

52.21 受卒九萬~

478.5 卒~毋私衣

231.14A
馮君就～問

55.3+55.15
二石～餘安在

毌部

0553
貫
貫
9

303.46
佐史～贊取

484.1
呑遠部錢～八枚

0554
虜
虜
130

14.11
～守亭鄣

83.3A
累～候長弓箭四發

181.8
卌井累～隧

457.18A
舉以胡～入塞

181.1A
府去降～隧

233.12
累～隧長誼

261.24
～馬至

马部

0555
函
函
12

502.3
出亡人赤表～

502.3
～行三時

13.6
與戍卒～

卤部

0556 㮚

㮚 197

- 粟 173.5 五斗五升大～
- 203.37 用～八十五石
- 57.19 ～一卷三斗三升
- 59.2 入～大石廿五石
- 188.2 出～六石
- 33.20 出～四斗二升
- 203.10 用～十三石
- 35.13 其二石五斗二升～
- 110.14 ～一斗
- 221.1 ～小石
- 82.8 利～三石

齊部

0557 齊

齊 26

- 67.19 壹壹～
- 325.12 甲渠候長～勑寫
- 111.7 利上里高何～

片部

0558

牒

44

81.10 名籍如～

75.28 名籍如～

15.18 所乘用馬各如～

6.13 矢數于～

317.6 ～別言

禾部

0559

禾

8

108.11 宜～第八

90.4 田卌畝～

108.1 宜～第八

0560

私

87

306.4A+5.9A 以～印行

122.14 ～馬一匹

403.3 肩水候房以～印事

37.29 爲家～市張掖

111.4A 隧～爲酒醪

180.23 獨有～故練襲

10.6 以～印行候事

73.37 長豐以～

478.5 卒多毋～衣

403.10 ~去署之它亭聚會

0561

移

320

63.9 言之謹~

※233.24 劾~

484.18 央~甲渠候官假佐

103.44 ~凡

193.30 官~甲渠候官

65.7 右~金關

73.29 官~府舉書

271.18 寫~書到

204.5 居延倉長禹~肩

43.12A 遣令史安世~簿

95.4 寫~閒田獄

15.18 敞~肩水金關

486.61 時~名

169.18 ~財物出入簿

111.4C 寫~檄到

42.20A 寫~書到

206.18 移官~迹簿一編

128.1（46） 謹~七月見官兵

0562

積

208

14.11 次亭燔~薪如品約

108.18 燔一~薪列隧

188.22 木短茭~頃

0563
秩

26

237.56
~當谷隧

39.27
~廿八日

212.55
~護佐敢言之

76.43A
有~執事坐前

113.28
更~蓬解隨

45.1A
西鄉守有~志臣

0564 重
康

73

10.33
元~五年二月

255.23
元~三年

10.34A
元~四年六月

255.2
元~二年二月

10.20
元~三年

250.1
元~三年三月甲午

403.1
元~二年十一月

10.27
元~五年五月

20.11
元~二年六月

20.2
元元元~九九

0565
稾

64

※443.×2
~矢

231.96
~矢

0566

年

1340

稟 185.18
第四部～宜矢百

521.3
～矢六

甲附 9A（1）
甘露二～十月盡

甲附 16
初元三～九月

136.22B
元五～六

39.20
元延二～七月辛未

414.9+414.11
元始三～二月

284.1
建始元～

205.1
居攝二～四月乙卯

181.4
元延三～五月乙丑

82.27
初元五～九月辛未

103.45
初元二～六月

78.54
元壽二～八月己亥

181.18
今～十二月丙戌

317.3
建昭元～三月

76.24A
元始二～十一月

193.1A
陽朔二～四月五日

10.33
元康五～二月

72.25
建始三～七月

65.7
始元七～閏月甲辰

216.7
始元六～九月奉用錢

311.15B
初元五～八月丙午

6.8
五鳳二～八月

 77.69 ～五十五	 178.5 陽朔四～十一月丁丑	 10.22 市陽里張延～
 124.1 二～八月	 255.24A 本始二～以來	 126.26B 地節四～三月
 478.13 永光元～十月	 145.15 迺四～十二月	 255.24B 盡地節二～吏除
 585.4 本始三～七月戊	 255.21A 元康元年盡二～	 306.4A+5.9A 神爵元～四月
 255.23 元康三～四月	 255.21A 元康元～盡二年	 255.24B 本始二～以來
 62.7 建始四～四月	 239.90 四年十月	 183.8 元康五～
 203.6 建平五～十二月	 154.6 三年五月	 37.50 ～二月庚寅朔丁未
 ×76.51 里不更□～	 37.43 ～廿九	 42.9A 五鳳元～

156.28
五～計毋餘

231.116
萬～隧長董習

81.5A
游君容萬～毋恙

438.2
爲綏和元～

264.15A
陽朔朔五～正月

286.26A
～月己未朔乙未

0567
穀

170

203.13
凡用～三石三斗

273.22
三年十一月簿餘～

501.8
七丞官～十五石

231.54
五月食用～四

5.16
～簿

131.23A
出～七

0568
秋

60

217.27
以令～射

45.1A
～賦錢五千

6.5
蓬隧長以令～射

39.45
令詔書～射增

227.15
常以令～射

334.6
昭武千～里大夫

142.16 蓬隊長常以令～試射

0569 秦

9

231.6 第一隊長～恭

71.3 第一隧長～恭

108.7 ～長□

0570 程

45

246.44 中～不中程

502.3 函行三時中～

101.33 第十二隊長公乘～宣

73.5B 分中～

秝部

0571 兼

36

10.29 ～行都尉事

10.32 肩水倉長湯～行丞事

509.11A+513.1A ～行都尉事

黍部

0572 黍

8

480.6 ～米一斛

214.4 糴～粟二石

265.26 ～錢唯

米部

0573 米

37

160.17A 出七斗～

36.7 黍～二斗直錢廿

110.14 得～六升

126.23 黃～一石

480.6 黍～一斛

53.25B ～□□一

52.46 ～一石二斗二升

160.17B 凡四人食十六斗～

0574 粱

7

126.27A 呂都～安里

214.4 糴～粟二石

55.3+55.15 糴～粟二石

0575 糴

2

55.3+55.15 ～（糴）粱粟二石

木部

0576 臬

47

203.5 出～一絜

34.15A ～肥

19.36 ～履一兩

麻部

0577 麻

5

123.63 卒艾胡～

312.25 儋胡～

37.37 出錢卅六買～

韭部

0578 韭

1

506.10A ～三畦

宀部

0579 家

71

62.22 北書一封～屬所

37.29 爲～私市張掖酒泉

119.48 移吏～

58.16 省卒～屬名籍

203.15 北部卒～屬名籍

0580 宅

4

53.12 有～事

37.35 ～一區

113.8 長安～

0581
宣

77

504.10
從者南陽冠軍～

212.63
掾～令史

284.25
～書奏

16.4A
～德將軍張掖大守苞

77.53+77.56
就里唐～

101.33
第十二隧長公乘程～

133.6A
小子足～

260.20A
君卒問～白之

3.7
第十六隧長趙～

0582
宏

6

16.3
第有毋～等

231.5
木候長王～

271.18
候史～

0583
定

130

484.30
丞相～國

311.28A
隧卒～陵中陽里呂初

214.1A
卒皇～所

10.32
助府佐～

267.15B
候史～

168.21
～作世人

181.1A
～行五時

75.20
閏月壬午～時

13.9
濟陰郡～陶徐白大夫

0584
安

198

158.10A
～□交後

43.12A
遣令史～世移簿

124.2
已問道等係～在

0585

完

131

267.3
今~在

203.29B
官移府檄曰~子

10.7
~漢

143.28
武賢隊長陳~國

227.15
長~世自言

57.10A
守丞~昌敢言之

166.7A
第十六隊靳干一~

438.1
胡亭木枓二~

166.7B
第十六隊靳干一~

562.18
曲旃紺胡各一~

562.15
身~毋兵刃木索

163.15B
戍卒有方一~

166.6A
第十六隊服一~

72.53
杕軸~

240.19A
木中隊靳幡一~

166.1A
驚弩青繩丗二~

257.22
倉庫户封皆~

160.19
矢銅鍭百~

393.5
蘭~

10.20
計毋餘~車

13.10
陷堅寅矢百~

317.15
服二~

130.11
封~

221.29B
强飯~意

（完）

14.22 革甲廿～

0586 富

38

564.2 氏池騎士～昌里

0587 實

26

317.6 拘校處～

558.6 多～二人

34.21A 在新～

0588 容

6

142.35 受當遂里張～

81.5B 不見游君～

81.5A 游君～萬年毋恙

506.7 ～容而□

0589 寶

2

16.4B 書佐橫～均

0590 守

248

160.9A 勳～丞良居延

477.5A 新野～丞

10.32 張掖長史延行大～事

484.30 郡大～諸侯

14.11 虜～亭鄣

227.10 大～府

132.24 ~右尉

132.24 ~令史張武第一

203.26 自在數蒙貰~候

229.10 甲渠~候

203.44 如~府書

67.12 守守守守~

0591
宜

55

349.45 ~市大

10.27 ~寢兵大官抒井

506.27 賦就人會水~禄里

108.11 ~禾第八獨和金城

0592
寫

54

42.20A ~移書到會五月旦

261.30 行候事敢言之謹~

111.4C ~移檄到

0593
宿

15

17.21 壬戌~

22.4 ~子都

33.22 還~

0594
寬

6

286.19B ~卅

0595 寄	0596 寒	0597 害	0598 宋	0599 宗
19	23	22	37	81
32.14A 以～任子侯	54.20A ～時願進	35.23 戍卒河東北屈賈～	76.14 止北隧長～普	61.3+194.12 萬歲候長田～
72.31 審～主	52.12 即日病頭恿～炅	117.21 毋～五月食	162.14 公乘鄴～里	3.4 三𣙜隧長徐～自言
103.27A ～卿市錢七百八十四	4.4A 以四月一日病苦傷～	160.15 候長毋～	※186.×2 長～	231.21 王氏～率
	181.9 武長伯盛～		407.6 嗇夫～湯九百	178.19 掾常付士吏～
	114.19A 迺戊戌病頭痛～炅			71.18 隧長張～
				59.10 掾～令史長

122.2 張～印

73.7 止北隧長李～以來

203.19 李護～

10.32 守屬～助府佐定

68.69 士吏廣～

呂部

0600

呂

34

194.15 ～少平

203.33 代～循

214.118 卒～弘二月

穴部

0601

空

13

254.1 大司～武下

14.23 十一～毋韋絞

179.6 而～出一弓

疒部

0602

疾

28

395.1 ～温

5.18+255.22 即日～心腹

42.11A ～卒爰書一編

7.31 ~温不幸死

0603

痛

痛

6

痛 582.12 腹中~

114.19A 迺戊戌病頭~寒炅

0604

病

病

129

203.8 治簿~案墼

120.82 八十七人~

96.1 驛馬~死爰書

42.24 ~不幸死

211.6A 昨日~心腹

45.15 三月~卒名籍

⿸广丙 175.8A ~未能行

8.1A 吏~及視事書卷

188.10 六人~

190.3 ~有廖月十三日視事

冖部

0605

冠

冠

20

63.13 蘭~四

504.1 ~單宣里

26.33 蘭~一

冂部

0606

同

107

37.29

與～里張利中自言

81.10

～埩户籍臧鄉

55.19+137.1+254.20

六月丁酉門卒～以來

505.23A

付界亭卒～

203.2

當曲卒～受收降卒嚴

52.12

當遂里公乘王～

139.12

弘□～叩頭

170.4

受卒～

13.9

庸～縣延陵大夫

冃部

0607

最

5

203.37

～凡十九人家屬

142.32B

～凡粟二千五

11.27B

亭長～

123.2

～凡十三人

214.76B

～凡七十人

网部

0608

兩

209

317.28 早練復綺一～

75.7 已載六～

234.35 ～行二百

37.30 入牛車一～

100.23 故漆履一～

24.6 一～貝丘第九車

505.20 凡五十八～

网部

0609

罪

120

231.11 叩頭死罪死～

237.4 叩頭死～死罪

457.2 ～司寇以上

486.67 死～敢言之

231.11 叩頭死～死罪

256.2B 舒教士毋狀死=～=

486.21 死～

257.10 死～死罪

77.34 坐～

128.1（31）叩頭死～敢言之

128.1（46）叩頭死～敢言之

27.2 ～當死

0610
署
69

- 34.9+34.8A 卌八人～廚
- 203.12 見～用穀七石
- 72.39 ～問卒
- 194.17 第二隧長景褒不在～
- 6.5 ～功勞

0611
置
43

- 393.1A 九日宿吞遠～
- 5.3+10.1+13.8+126.12 ～孝弟力田
- 5.3+10.1+13.8+126.12 縣～三老二
- 29.14 萬世隧皆廢～
- 37.17A 郅連廄～駙集上乘所
- 60.4B 受降卒王～詣

襾部

0612
覆
6

- 75.28 史～偃
- 214.124 武～問毋有
- 156.3 ～

巾部

0613
幣
33

- 82.1 劍削～（敝）
- 60.4A 券見～
- 68.109 地表～（敝）

0614 常

說文：106

- 227.15 ～以令秋射
- 227.12 第六隊長公乘王～利
- 268. 17 持弱而毋～
- 478.9 尉史輔～
- 127.31 尉史～敢言
- 38. 20B □尉史□□～
- 178.19 辛酉掾～付士吏宗
- 285.20 移簿書事以誤亂爲～
- 178.10+190.16 告掾王平尉～書

0615 席

說文：9

- 264.32 卧絜蓋～
- 203.5 付掾繩～
- 62.36A 良作～

0616 布

說文：97

- 506.1 ～篷三
- 120.56 皁～複袍一
- 10.27 謁以聞～當用者
- ※N114 坐亡～復綺一兩
- 162.5 白～
- 181.8 ～緯糒三斗
- 505.34 衣大紅～衣
- 325.11 毋尊～一匹至□
- 505.33 用～三匹

帛部

0617

帛

38

394.1 正月禄～一匹

325.11 ～四尺

203.45 表裏用～一匹

168.13 趙丹所買～六匹直

188.11 領□～工

513.24 今毋餘河内廿兩～

白部

0618

白

96

162.5 ～布

160.9A 令史陽～

561.21A 頭～書

71.28 掾譚～

13.9 定陶徐～大夫蔡守

520.2 産犢一～牡

㡀部

0619

敝

6

128.1（27）
~盡不任用

128.1（11）
~盡不任用

128.1（42）
~盡不任用

128.1（72）
~盡不任用

第八　人部——次部

人部

0620 人

772

11.15
九～

395.9
卒百五十三～

332.6
凡吏卒廿～用穀卌石

395.11
以毋故入～室

506.26
所賦就～錢名

18.2A
八～繫罪

41.23
百廿二率～一

14.5B
～進錢

0621 仁

32

76.13
臨～里劉揚

387.7+564.15
夷狄貪而不～

157.10A
給使隊長～叩頭言

311.15B
臨桐隊長～敢言之

6.17
臨桐隊長趙～

0622 伯

20

181.9
武長～盛寒

284.25
大～

124.21
省～史

130.8 椽受路～

0623 仲

10

341.1 ～侯子麗所

346.25 始春時～

0624 倩

2

160.17A 董～出五斗八升

0625 佳

3

203.4 妻大女～年十八

181.2A 送證女子趙～

0626 佗

19

77.29 槖～候長

81.8A 槖～誠敖隧長

478.43 槖～治

0627 何

76

121.5 北如～

181.1A 留遲三時四分解～

26.32 何～解何

137.5 亭言官府令～言

257.28 狀～不審

57.25A 甲～證

179.6 而空出一弓解～

0628 儋

2

142.18 ～八束

0629 備

29

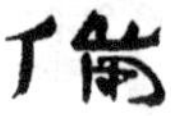

349.8 償者趣～

231.108 輸物適部候長～課

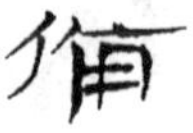

456.4 ～盜賊爲職

0630 俱

36

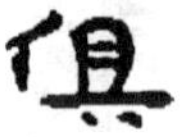

44.19 尉史蒲付～起隧

181.2A ～送證女子趙佳

203.13 ～起隧卒王竝

231.88 出～起隧南天田

40.20 ～南隧長王

0631 併

2

157.24A 膝布～塗

0632 倚

8

倚 270.26 王～

133.6A 掾毋所～

54.19 奉世妻～郎

0633 侍

5

541.1 ～中諫大夫

甲附 4 不而及離尊亭留～難

178.3 積爲刺史大守君侍～

0634 付

172

505.23A ～界亭卒同

308.40A ～蕭長卿六石四斗

203.5 八月二日～掾繩席

101.17
甲渠具□～范壽

178.19
辛酉掾常～士吏宗

480.5
豐不以褒～尚

0635
俠

1

387.7+564.15
懷～二心

0636
伍

8

157.9
士～李宮

104.3
～百

62.1
春舒里士～郭

0637
什

7

217.8
受卒～器名

262.17
車～兵人

85.4
付～器

0638
佰

2

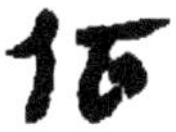
15.7A
故爲公佰君～

0639
作

124

486.62
所～筆一枚

560.2A
署～府中寺舍

34.9+34.8A
四月旦見徒復～三百

283.8
～以以之書以以輸

284.32
凡積～爲人二百

77.30
～大月

181.6+181.16
並作作作作～作▨

188.12
趣～治

15.7A
故爲公佰君～

0640

侵

32

71.49 ～治令莊事

139.36+142.33 寫移書到趣～治

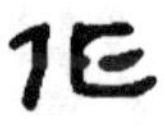

58.3 已～治成

168.21 定～卌人

16.11 改更舊制設～五銖錢

58.27A 陽朔五年三月～柱

174.14 不～候長晏詣

231.116 不～隧[長]

82.7 不～部弩

95.7 不～隧長高仁

0641

候

1127

175.6 甲渠～官

332.1 肩水～官

174.32 甲渠鄣～以

271.4A 甲渠～官

250.12 肩水～官

73.19 ～官

175.7 甲渠～官

173.13A 甲渠～官

38.6 甲渠～官

6.1 甲渠～官

73.7 甲渠～官

259.4 甲渠～官

34.10
甲渠～官

271.2
甲渠～官

484.18
央移甲渠～官

279.11
甲渠～官以亭行

5.19
肩水～官

407.3+564.13
～卒望見塞外

73.39A
以迹～

16.5A
甲渠鄣～以郵行

10.31
以私印行～事

136.41
渠鄣～喜謂第四候長

203.18
呑遠～長放

308.40B
長史叟～長君十

3.8
故卌井～官令史

72.8
長史～候

37.35
～長觻得廣昌里

71.9
第十～長趙彭

83.3A
累虜～長弓箭四發

77.29
槖佗～長

282.8
甲渠～官

73.29
第十～長忠敢言之

76.15
鄣～獲守尉

75.15
博□～□

28.15
甲渠鄣～誼敢言之

38.8
甲渠～官

0642

償

30

234.8
~官

38.34
~史拓

255.2
北部~長

10.28
~長候史日

20.1
肩水~官

20.10
肩水~官

6.13
~長賢自言

10.34A
左前~長禹敢言之

562.14
肩水~官

81.2
誠南~長王士治所

5.16
肩水~官

267.15B
~史定

159.21
~長賢敢言之

312.21
第四~長弘

239.110
~長

157.2
~史延壽馬食粟

525.10
官告第十~長

203.26
自在數蒙貰守~力不

233.1A
胃~長王卿取

233.21
三百~惲

※78.43
願已二百奉~

103.3
禹~陽

- 387.20A 五月奉～

0643 代

51

- 10.17 ～鄭昌成
- 273.14 舒受～田倉監
- 225.32 以土德～火家
- 540.7 ～罷
- 478.7 餔食肩相～社
- ×286.30 蘇賞～施

0644 便

36

- 278.7A 送～兵戰鬬具
- 76.33 南吏～詣尉所
- 501.8 官穀十五石～取
- 49.34 河水中出塞時～主迹
- 137.14 昭武～處里大夫
- 6.19 所～名

0645 任

54

- 32.14A 以寄～子侯
- 145.25 ～卿立俱叓索
- 266.17 終不～驛
- 306.17 證～
- 128.1（11）敝盡不～用
- 128.1（27）敝盡不～用
- 128.1（42）敝盡不～用
- 128.1（72）敝盡不～用

0646 使

106

14.4
部吏吏吏~者候

157.10A
給~隧長仁叩頭言

119.11+350.56
~在□□田里公

145.1
持~償郭敞馬錢

62.52B
告~過亭毋忘報

145.1
~妻細君持使償

140.7
曰~□至今不還

123.53
~令史根等

0647 傳

102

181.10
取~歸敦煌

257.13
~

45.5
~從史成

403.22
有~

563.1A
以次~行至望遠止

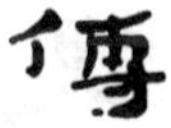

75.1
公乘孫竟□~

203.44
寫~如守府書

0648 偃

21

75.28
史覆~等名籍如牒

203.23
子未使男~

203.12
父大男~

0649 傷

87

122.7
又紬大刀欲賊~吏

4.4A
四月一日病苦~寒

54.1
~淵中一所

103.49 自～

484.64 三人～

0650

伏

161

323.10 ～地再拜

271.7A 樂成～地再拜

271.7B ～地再再再

173.25+173.26 賞～地

485.22 敞～地再拜言

45.6B 成～地再拜請

4.36 糸急謹～地言

408.2B 廣意～地再拜

326.22B 芾～地拜

228.19 謹～地道

308.42A 奉謁～地再拜

218.12 ～地再

34.22 充～地再拜

350.35 ～地再拜

173.13B ～地

10.25A ～地再拜拜請

0651

係

3

149.19+511.20 昌邑方與士里陳～

124.2 ～迺甲辰

124.2 已問道等～安在

0652 伐 31

154.12 ～

168.21 ～茭千五百束

123.1B ～胡隧長張

133.11 卒二人省～大司農

0653 但 3

76.43B ～有元〻之意耳

0654 免 11

312.6 王路堂～書

104.2 ～缺

279.9B 斥～斥

0655 偷 8

155.4 十三日不～（愈）

257.8B 小～

70.20 卌一卒□服少～（愈）

匕部

0656 真 15

193.15A 不侵候史王子～

300.12 子～[足]

113.7 卒馬～

350.29 ～官到

35.20A 李子～

匕部

0657
頃

23

247.33
田五～六十畮

81.5A
～舍中得毋有它急

274.34B
須～耳頗留意

188.22
茭積～

506.22
大婢劉～

35.20A
～伏前暑

104.42B
積薪東～

从部

0658
從

146

111.5C
相～飲食

72.4
將軍～史當下

10.31
承書～事

459.4
到聽書～

395.11
律～事

10.30
承書～事

421.8
～殄北始

235.13
～者忠

190.21A
～史霸出奉剌

0659

并

6

13.4
安所到而不得～迹

132.38A
承書～事

284.8A
～□

61.9
承書～事

65.7
～第一至千

132.2
承書～事

271.20A
候官聽書～事

10.32
承書～事

264.40
～迹盡界

290.4
腆毋狀當～坐

127.13A
月來取～取之

317.24
凡～直二百九十四

287.15A
及巩中皆～遣豐

286.19A
凡～直三千

286.19A
脂肉～直二千

比部

0660

比

12

53.2
右～二千石

10.27
～原泉御者

119.17
充～檄

北部

0661

北

269

35.16 止～隧長居延纍山里

203.15 右城～部卒家屬名籍

63.1 止～隧長徐鳳

72.56 殄～官

502.3 出亡人赤表函一～

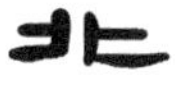
317.1 ～書五封

76.14 止～隧長宋普

154.24 直□□官東～

231.88 田～行

334.45 雒陽北鄉～昌里

176.27+176.40 城～隧卒騰勳

204.9 郵行～部倉

485.21 憙卽～

265.10 城～

278.7A 虜卽西～去

121.5 ～如何

84.21 人丞誼誠～隧

※523.×9 西～行

234.13 殄～望遠

130.15 出～書八封

13.2 到～界

170.4 又蚤食盡～連表

75.10B ～郵

35.23 戍卒河東～屈賈害

丘部

0662 丘

30

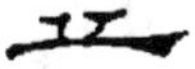
159.1 戍卒陳留郡平~陰里

67.25 戍卒陳留郡封~相

505.37A 居里男子~張

24.6 一兩貝~第十五車

82.9 田卒魏郡貝~武昌里

353.5 斥~西平里子下

乑部

0663 眾

28

562.16 東阿北平里拜薪異~

15.5 葆鸞鳥息~里

衆 169.1A 奇觚與~異

0664 聚

2

403.10 私去署之它亭~會

壬部

0665 徵

13

81.10 毋官獄～事

126.12 ～吏

218.2 毋官獄～事

0666 朢

5

563.1A 傳行至～遠止

15.3 東～隧長晏萬

234.13 殄北～遠

114.22 候～

重部

0667 重

35

350.2B 累～行道

278.7B 失亡～事

239.66 寫～

臥部

0668 監

19

273.14 舒受代田倉～

148.47 代田倉～建

10.14 司馬～關調書

0669 臨

174

311.15B ～桐隧長仁敢言之

127.29 酉～木隧長忠敢言之

6.21 ～桐隧長徐當

239.75
年～樂

484.5
～之隧

193.25
收～木隧長居延

231.114
當曲～之隧

273.28
掾野～

身部

0670
身

17

180.40A
算～一人

303.35B
食不當～疾

502.14A+505.38A
+505.43A
宣～上部屬亭

㐆部

0671
殷

18

35.16
公乘徐～

41.27
令史～嗇夫

15.8
令史宗威佐～

衣部

0672
衣

110

478.5
卒多毋私～

10.34A
～財物爰書名籍一編

505.34
麤服衣大紅布～

（衣，續）

- 68.67 衣幣不可~
- 505.34 緣中~
- 100.1 袁魯~橐
- 505.34 麤服~大紅布衣
- 408.2A 言孝君~
- 52.8 昌取~用三輔郡中

0673 表

31

- 表 502.3 出亡人赤~函
- 505.15 賦就人~是萬歲里
- 387.16 往來牧~是
- 506.1 布~一
- 43.11 ~二通
- 203.46 ~至第十二隧〓長〓
- 170.4 又蚤食盡北連~一通

0674 裏

9

- 311.33A 百人爲~
- 27.1A 長~各一領
- 203.45 表~用帛一匹

0675 襲

29

- 208.2 ~一領
- 82.34 縑復~
- 203.45 練~一領

0676 袍

34

- 49.10 買布復~一領
- 334.14 復~四領
- 120.56 皁布複~一

0677 複

20

- 101.23 皁布～袍一領
- 69.1 皁練～袍一領
- 120.56 皁布～袍一

0678 袁

2

- 100.1 ～魯衣橐

0679 被

13

- 143.29 袍縑～一
- 7.7A 所移卒～兵本籍
- 198.19 臨木部卒～兵簿

0680 雜

8

- 100.39 者吏～量
- 雧 6.5 長吏～試
- 5.1 十二月四時～簿

0681 補

40

- 116.52 根徙～缺
- 110.22A 可～
- 110.27 徙～

0682 卒

1348

- 126.26A ～兵舉
- 166.10 第十隧～朱佊
- 203.1 馬萬將省～詣官
- 38.20A 謹戍～
- 162.14 戴通～故小男
- 332.6 凡吏～廿人用穀卌石

211.7A 十月己酉～張便取
176.27+176.40 城北隧～騰勳
407.3+564.13 候～望見塞外東北

5.14 四年九月戍～簿
306.1 水門隧～蔡當時
55.19+137.1+254.20 六月丁酉門～同以來

78.46 第廿三隧～除萬
58.16 省～家屬名籍
42.11A 疾～爰書一編

63.37 徐彊～郭彊皆不在
273.28 舒受守～史未央
114.18 滅寇隧戍～侯詠

10.29 守～史義
203.34 十一月丙辰～釵護
189.8 ～積五

515.25 田～淮陽郡長平南
506.28 隧～孫侯廣谷
124.2 庚戌廩～道等六人

35.23 戍～河東北屈賈害
70.20 卌一～□服少偷
203.34 取部～十五人食

160.19 ～李雁故吏野主
157.2 ～李何傷三石
211.6A 第十二～李同

75.13 騶望～孫武

4.4A 第廿四隧～高自當

76.8 第八～紀田

35.7 邯會～王武

203.2 當曲～同受收降卒嚴

157.2 ～楊湯三石

裘部

0683 重

求

2

36.2 ～樂不得

老部

0684

老

17

387.12+562.17 令史觻得敬～里

45.1A 東利里父～夏聖等

564.6 觻得騎士敬～里

126.12 縣置三～

0685

壽

103

36.20B ～當責市人

513.23+303.39 承～迺大初三年中

275.21 舒受第六長延～

0686 孝

23

36.20B ~已予市人兩雌

78.54 元~二年八月己亥

甲附41 元~二年三月

28.16 破虜里左長~

15.4 騎士~光里李充

157.2 候史延~馬食粟

482.3 ~慎戒之

5.3+10.1+13.8+126.12 置~弟力田廿二

176.43 ~謁萬

尸部

0687 尸

1

190.19 ~

0688 居

490

※N35 十月~署

259.8A ~延

133.2A ~延都尉府發

285.23 其一封~延都尉章

515.2 ~延平明里

160.9A 勳守丞良~延

尺部

（居，續）

81.8B ～延都尉府

227.12 ～延甲渠第六隧長

101.33 ～延都尉

73.15 ～延陽里莞宣

68.53 ～延

123.26 前～延還根等

65.7 ～延與金關

205.1 ～攝二年四月乙卯

265.34A ～屈次日内

238.39 ～延

37.23 ～延西道里

299.21 ～延守游徼徐成

0689 展

2

562.15 目窅手捲足～

0690 屠

1

562.4 就～與匈奴呼韓單于

0691 屋

11

264.32 内毋～

78.11 下茭～梠解隨

509.17 ～蘭葆

0692

尺

153

168.10 長三丈三～

110.25 不見～竟隧舉

15.5 長六～黑色

323.3 王野年廿五歲長七～

75.5 長七～五寸黑色

119.27 長七～

169.3 告尉謂～竟候長

81.8B 馬馬一匹高六～

37.32 長七～五寸黑色

43.2+77.81 長七～五寸

482.7 北～竟燧舉[illegible]上離合

81.8C 槖馬一匹高六～八

37.23 長七～二寸

尾部

0693

屬

78

62.22 北書一封家～所

203.15 右城北部卒家～名籍

16.4B 掾習～沈書佐横

58.16 省卒家～名籍

0694

屈

5

75.23 居延廣都里公乘～並

35.23 戍卒河東北～賈害

265.34A 居～次日内

49.31+49.13 當曲卒～樊子

履部

0695

履

36

40.1 ～白革舄

505.34 聶帶竹簪素～

100.23 故漆～一兩

舟部

0696

服

42

160.9A ～良服

336.4 不～

166.6B 第十六隧～一完

4.4A 病苦心～丈滿

160.9A 服良～

114.18 ～一

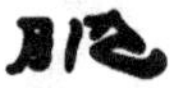

203.41 澤～如故

70.20 卅一卒口～少偷

方部

0697 方

75

- 163.15A 臨木隧戍卒有～一
- 62.23 字子～
- 163.15B 臨木隧戍卒有～一
- 214.126 有～一
- 523.5 ～案致
- 455.19 ～用曾青
- 149.21 方～
- 87.13 菓持官有～一

儿部

0698 充

78

- 484.31 令賜～貴勞
- 15.4 騎士壽光里李～
- 509.7 長平東洛里公士尉～
- 甲附16 令史～
- 34.22 ～伏地再拜
- 135.26 居延甲渠候長載～
- 119.17 ～比檄
- 123.61 根意恐□謂～白根
- 158.18 敬以書驗問章～貴

5.12 右前部禁姦卒～

40.25 收得□□四年～不在

140.16 觻得定國里趙～

兄部

0699
兄

14

67.1 ～破胡取同縣

110.17 册勒君～泉

163.8 楊君～魚廿

兆部

0700
兜

1

407.1 若予采讙～

先部

0701
先

23

38.27 ～以證不言請

87.10 以食～登卒强武

202.10 當以父～令户律從

3.35A ～以證不言請

見部

0702 見

見

193

- 231.92 恭親面~受教
- 76.42A 籌等~共毋
- 501.8 其出入毋必令將軍~
- 59.34B ~器物名
- 273.12 知責家中~在者
- 84.21 人丞誼誠北隧閏~明
- 46.9A 一人病二人~
- 29.14 已可~矣
- 129.18+477.3 ~客辨之急賜
- 178.10+190.16 今不~
- 80.11+131.54 ~□□□敢言之
- 128.1（15） 謹移六月~官兵物

0703 視

視

48

- 191.1 謹行~錢
- 84.23 謹行~錢財物
- 283.8 以以以~以輪以
- 52.45 謹行~事
- 132.39 賞~事五月

0704 觀

觀

2

- 4.6A ~之所安

0705
親
24

- 231.92 恭~面見受教
- 173.7 尉謂士吏~
- 45.1A ~具

欠部

0706
欲
73

- 108.20 ~並入爲寇
- 122.7 又紬大刀~賊傷吏
- 485.4 年~急用之
- 214.146 張君卿~爲
- 27.21A 後不~言變事
- 260.20A ~留至門君卒問

0707
次
93

- 478.11 利以功~遷
- 68.68 不以久~
- 32.23 肩水候官隧~行
- 478.6 以亭~行
- 503.10 吏兼~書
- ×328.29A 報蕭~塹
- 285.1 ~吞隧
- 14.11 ~亭燔積薪如品約
- 10.29 以近~兼行都尉事
- 72.55 部遣~一
- 563.1A 廣田隧以~傳行
- 20.6 以功~遷爲

0708

㱃

18

62.56 以功～遷補肩水候

265.34A 居屈～日內

88.7 肵以～傳行至望遠止

29.12 禄福王里戍～卿

㱃部

飲 49.31+49.13 ～藥一齊

103·47 醫宋昌治～藥

198.13 所得酒～之

126.37 去署～

557.4 古酒旁二斗皆～

89.20 以温湯～一刀刲

饮 264.40 ～酒兩杯

次部

0709

盜

17

265.24 ～常有

512.2 不能區處而即～

40.22 論非～

第九　頁部——象部

頁部

0710 頭

248

231.11 叩~死罪死罪

81.5B 叩~幸甚

81.5A 誼叩~言

52.12 即日病~恿寒炅

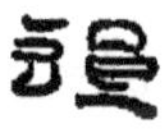
7.30B 沙~卒□杜

95.11 今憲叩~死罪

505.19 受沙~卒張詡

413.6A 出羊一~大母

286.19B ~六十

140.30A 叩=~=

185.31 忠叩~死=罪=

62.28B 王嚴叩~白□願爲

128.1（47）叩~死罪敢言之

128.1（5）陷堅羊~銅鍭箭

128.1（46）南部候長叩~死罪

0711 顏

2

顏 15.5 上造~收

0712
顯

74

顉 ※78.43
～已二百奉償

10.16B
～豫自辯

203.49
～令史趣嚴憲致

0713
頸

1

286.19B
～十錢

0714
領

111

486.53+486.5
～甲渠治所

188.11
～□帛工

203.45
練襲一～

0715
順

13

45.1A
佐～臨

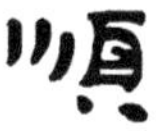
123.10
不侵候長李～

505.39
卒～

0716
頓

6

387.22+407.4
觸諱忘言～首

231.112A
廢～不脩

157.26
臣誼～首

面部

0717
面

2

231.92
恭親～見受教

県部

0718 縣

109

126.12 ~置三老

63.20 以~官馬

265.11B 它郡~者具月十日

10.32 部都尉小府~官

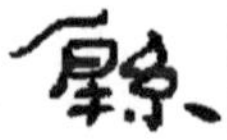
15.2 成陽~南陽里狄奉

218.30 所~道毋苛留

須部

0719 須

30

174.11 道里~遠

502.13A ~二石八斗八升

7.7A ~以集爲丞相史

文部

0720 文

44

68.20 子~足下

478.1 孝君〃夫子~爲吏

76.51 ~辭

4.24A 鳳不習報官~書

279.16B 不多~

251.3A 四月十二日王~

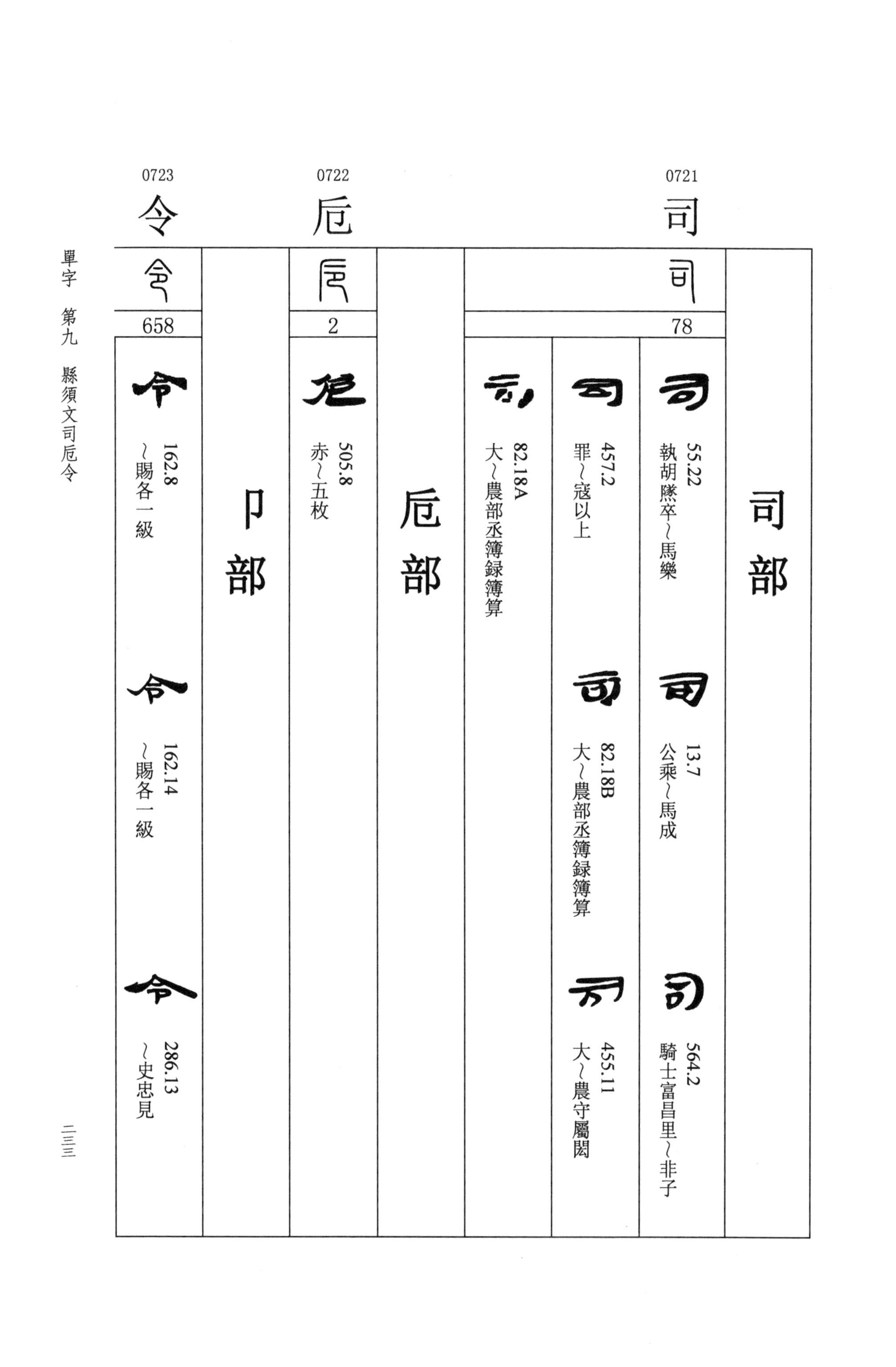

司部

0721 司 78

55.22 執胡隧卒～馬樂

13.7 公乘～馬成

564.2 騎士富昌里～非子

457.2 罪～寇以上

82.18B 大～農部丞簿録簿算

455.11 大～農守屬閎

82.18A 大～農部丞簿録簿算

卮部

0722 卮 2

505.8 赤～五枚

卩部

0723 令 658

162.8 ～賜各一級

162.14 ～賜各一級

286.13 ～史忠見

 甲附16 埻道帟皆應～即射	 甲附16 壬子朔辛巳～史充	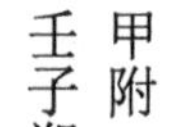 501.8 其出入毋必～將軍見
 217.27 以～秋射	 142.16 常以～秋試射	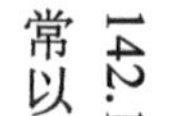 15.2 其六月甲子調守～史
 168.17 ～史譚市	 71.49 ～莊事	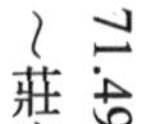 158.12 史史～史史
 10.30 ～史宜王始長	 271.20A 候官聽書從事如律～	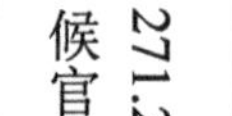 227.15 常以～秋射
 ※203.50 ～入	 299.33A 守～史	 52.14 須行～積至今不成
 585.4 肩水～史觻得	 162.13 丁巳～賜一級	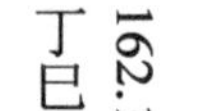 34.9B+34.8B 守～史忠嗇夫勝之
 160.9A ～史陽白前不前	 203.49 願～史趣嚴憲致	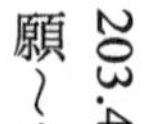 73.36 官～
 271.18 意毋狀者律～	 78.7 付～史鄭欽	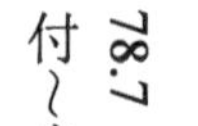 264.20A 如律～

183.3 毋~復直勤失舉

10.40 毋忽如律~

283.10A 延史長賓史~長

278.7B 毋忽如律~

241.13 律~

42.20A 毋失期如律~

204.6A 出毋留如律~

37.2 逢過河津關如律~

171.13 從者如律~

0724
卷

19

232.33 出二~

234·20 四~

57.19 粟一~三斗三升

0725
卻

14

438.1 ~胡亭木料

188.35 教問~

227.104 府~

印部

0726

印

183

312.16 以小官～行丞事

387.20A 五月奉償以～爲信

127.25 居延塞尉～

505.19 都吏郝卿～

10.34B ～曰藺禹

185.8 居延令～

306.4A+5.9A 以私～行

403.3 肩水候房以私～事

562.14 ～曰牛慶

122.2 張宗～

14.19A 以～爲信

181.2B 居延丞～

285.23 居延丞～

33.23 蘇當～詣府

81.4B 延丞～

色部

0727

色

59

15.5 黑～

37.32 黑～

43.2+77.81 黑～

43.20
黑～

卯部

0728
卿

206

88.8
候長王～治所

473.7B
譚報候～幸許

※214.157
隧長王～行塞具

270.21
尉～治所

214.146
～〃所

325.14
蘇～門下

234.5
王～足下

346.26
穉～

408.2A
長～來取孝君衣

285.19
令史扈～

14.19A
臧翁～錢六百

308.40A
付蕭長～六石四斗

276.16
狀報江卿□卿府～記

485.19
到皇～

14.5A
臧翁～記

103.27A
寄～市錢七百八十四

505.19
都吏郝～印

286.27A
王～奉錢千三百五十

辟部

0729
辟

57

462.1 灵腸～死

68.81 其亭甚善可爲～

61.19 馳之南界～問

428.7B ～則則以因

勹部

0730
匈

6

562·4 ～奴呼韓單于譕

351.5 夜見～奴人

163.4 ～奴人入塞

苟部

0731
敬

13

167.4 幼子承詔謹慎～戒

564.6 觻得騎士～老里

387.12+562.17 觻得～老里

厶部

0732 厶
數量：2
- 3.16 父妾萬~死

山部

0733 山
數量：62
- 13.7 肩水候官並~隧長
- 231.27 累~里女子
- 52.26 ~

0734 岑
數量：7
- 76.40 長張~自
- 156.49 鄭~告西門入
- 542.2B 守令史~

0735 崔
數量：6
- 117.32 洛都毋~
- 162.16 公乘鄴左都里~黄
- 57.15 卒~利

广部

0736 府
數量：304
- 286.13 上~書
- 111.5A 如~檄書
- 255.23 ~移居延書
- 38.29 尉~
- 227.104 ~却
- 84.12 ~

（府，續）

- 276.16 卿～卿記
- 491.10A 肩水都尉～敢言
- 181.1A 過半通～〓去降虜隧
- 203.44 如～府書律令
- 133.12 以～書召禹詣官
- 227.10 大～府

0737 庭

庭 40

- 231.26 鉼～隧長王永
- 68.111 鉼～侯長
- 486.23 鉼～隧卒
- 4.4A 鉼～隧卒周良

0738 廚

廚 2

- 廚 34.9+34.8A 廿八人署～傳舍

0739 庫

庫 43

- 312.16 居延～嗇夫
- 257.22 倉～戶封皆完
- 72.6 倉～戶封皆完

0740 廣

廣 151

- 563.1A ～田隧
- 37.35 候長觻得～昌里
- 311.30 元城第八車卜～
- 7.31 ～阿臨利里潘甲
- 128.1（14） ～地南
- 128.1（30） ～地南部

75.23
居延~都里

128.1（63）
~地南部言

128.1（74）
~地南部候

128.1（60）
~地南

128.1（45）
~地

0741
廢

2

231.112A
~頓不偣

0742
庰

15

279.9B
免~

563.6
~胡倉監建都

353.5
~丘西平里子下

庰 88.12
丹~免在居延

132.23
請~

0743 新
廖

8

185.22
病有~（瘳）

311.6
飲藥有~（瘳）

59.37
病頭廆戊午有~（瘳）

厂部

0744
仄

1

505.34
素履~□十

危部

0745 危

2

82.30B ～坐

石部

0746 石

992

35.13 入穀四～九斗二升

501.8 七丞官穀十五～

39.45 右二千～

203.19 用穀四～三斗三升少

59.2 入粟大石廿五～

128.1（25）力四～五

59.2 入粟大～廿五石

68.104 八～四斗

38.18B 出廿口粟五十立～

128.1（51）赤弩一張力四～

52.46 米一～二斗二升

14.24 其六～三斗二升

0747 破

55

11.9 ～胡令史通

103.42 責廣地～胡亭長

35.14 弦函～

0748 磑

29

112.24 ～猛即具衣物

128.1（24）右～胡隊兵物

128.1（27）～一合敝盡不任用

128.1（1）官兵釜～月言簿

128.1（33）官兵釜～月言簿

長部

0749 長

1446

408.1 南界隊～孫長

408.1 南界隊長孫～

239.110 候～

37.35 候～鱳得廣昌里

393.1A 候～博告隊長張

354.4 索～四丈五尺

157.12 步光見爲俱南隊～

231.17 敕候～隊長治埻四

81.10 都鄉嗇夫～敢言之

491.2 餘～矛三

15.18 居延塢～王戎

127.29 酉臨木隊～忠敢言之

132.12 鉼庭候～輔敢言之

※214.157 隊～王卿行塞具

227.12 居延甲渠第六隊～

101.33
居延甲渠第十二隧～

484.25
隧～建敢言之

157.10A
給使隧～仁叩頭言

231.14B
君坐孫士吏隧～

81.8A
橐佗誠敖隧～

274.35B
～孫足下進

83.3A
累虜候～弓箭四發

119.27
～七尺

82.25
第十候～茭錢

104.17+101.15
第卅三隧～梁當時

283.10A
延史長賓史令～

148.47
亭～舒受代田倉監建

10.30
令史宜王始～

3.4
三墲隧～徐宗自言

203.18
呑遠候～放

42.21
候史～〓茱〓輸將軍弩

76.14
止北隧～宋普

100.22
居延彊漢亭～鄴

48.2
甲溝推木候～

231.108
輸物適部候～

143.28
武賢隧～陳安國

515.25
田卒淮陽郡～平南

231.93A
却適隧～王敞

203.46
至第十二隧〓～〓不舉

10.16B
臨渠隧～對幼孫治所

323.3
年廿五歲～七尺五寸

75.5
～七尺五寸

181.9
武～伯盛塞

15.2
萬世隧～至

75.1
駮南亭～觻

71.9
第十候～趙彭

233.12
累虜隧～誼敢言之

59.10
掾宗令史～

81.2
誠南候～王士治所

77.29
橐佗候～

257.23
第七隧～由

220.16
臨之隧～王君房

3.4
故覆胡亭～

71.18
隧～張宗

255.4
第六隧～

7.7A
肩水候房謂候～光

332.20+341.13
令～丞閱具

274.36
隧～收病書

308.40B
～史旻候長君十

108.7
秦～

305.11
受降隧～成德

181.10
都鄉嗇夫～敢言

273.28
隧～舒受守卒史未央

103.36
候～楊望

44.11
第一隧～王萬年

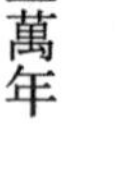
65.17
朔丙戌肩水候～

325.12
甲渠候～齊劾寫

146.62A
隧～夏

231.116
萬年隧～董習

长 128.1（67）
鍉有固口呼～五寸

71.1
第三隧～趙匡

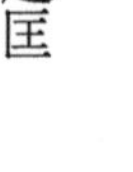
128.1（6）
鍉有錮口呼～五寸

25.12
謹遣受降隧～良

95.7
不侵隧～高仁

169.3
告尉謂尺竟候～

231.112B
士吏候～

40.20
俱南隧～

178.11
移入弦鋸一～七尺

勿部

0750

勿

12

140.1A
過所縣邑侯國～苛留

340.6
關～苛留止

而部

0751

而

15

268.17

持弱～毋常

387.7+564.15

夷狄貪～不仁

285.24

不事官職～與卒

512.2

不能區處～即盜

179.6

～空出一弓

象部

0752

豫

2

10.16B

願～自辯

第十　馬部——心部

馬部

0753

馬

303

503.4　~一匹

122.14　私~一匹

20.1　肩水候官吏~馳行

162.15　公乘鄴京里~丙

350.39　~跂一具

154.4+210.24　~子恩記

513.23+303.39　父以負~田敦煌

62.32　乘方相車~

507.3A　其十五石麇柱~

15.18　所乘用~各如牒

72.4　之君所取~錢

266.17　~皆齒長終不任驛

504.4　分賢步所藉~以

78.36　隧驛~一匹

96.1　驛~病死爰書

81.8B　~馬一匹高六尺

81.8B　馬~一匹高六尺

81.8C　槖~一匹高六尺八

（馬，續）

28.16 破虜里左長壽～一匹

10.24 卒～國取

20.8 ～七匹

155.8 治～欬涕出方

506.3 ～一匹騂牡齒九

157.2 候史延壽～食粟

0754 驩

11

83.5A ～喜隧車父

240.8A 受～喜彊

0755 驗

33

123.4 牢中不～證

133.4B 孜～六

181.5 姓韓氏～

176.7 ～軍失候

0756 騎

96

534.30A 八十餘～

511.11 ～士新師里

15.4 ～士壽光里李充

0757 馳

9

534.30A 從塞外～來

20.1 肩水候官吏馬～行

61.19 ～之南界辟問

0758 騰

1

176.27+176.40 城北隧卒～勳

0759
駮

8

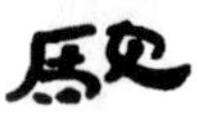
43.9 ～牡馬一匹齒八歲

149.23 ～乘

75.1 ～南亭長

廌部

0760 重
法

18

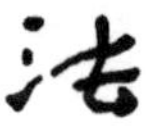
265.2B 執～

206.26 詔書～律

4.13B 者行行法～法法

犬部

0761
狗

27

74.6A 小畜～一

68.105 ～少一

15.24 騎士千乘里王～

0762
猥

2

238.23 ～兵

0763
狀

61

95.11 召憲詣官對～

290.4 腆毋～當并坐

326.7 甚毋～未忍行罰

486.47 職事數毋～

336.20+336.38 不捕得尤毋～

29.14 已可見矣尤毋～遷

276.16
～報江卿

0764
猛

29

112.24
破～即具衣物

50.24
闢～倶之同

68.61
第九隧長～

0765
獨

10

231.13B
～勞疾

108.11
宜禾第八～和金城

85.19
主～自

0766
狄

6

188.26
第十六隧卒～意

15.2
成陽縣南陽里～奉

387.7+564.15
夷～貪

㹜部

0767
獄

37

81.10
毋官～徵事

482.19
迫斷冬～

73.26
～所

能部

0768
能

40

512.2
不～區處而即盜

29.14
萬世隊皆廢置不～

13.7
～書會計

175.8A 病未～行

火部

0769 火

74

225.32 以土德代～家

403.19+433.40+564.28 ～四所大如積薪

486.49 出堠上苣～一通

225.21 立和受蓬～不起

10.27 更水～進鳴雞

332.5 夜人定時苣～三通

278.7A 定蓬～輩

14.11 夜舉離合苣～

0770 燔

15

427.2B ～一積薪

561.17 塞～燒察虜

14.11 次亭～積薪如品約

0771 熹

9

258.15 尉史～

334.40A 匽師丞～

512.16 焦～

0772 尉

460

127.31 ～史常敢言

178.30 ～史李鳳

270.21 ～卿治所

324.20
塞～

239.36
塞～

303.14B
元君馬足下都～丞

81.8A
肩水都～府

55.1A
甲渠發候～前

81.8B
居延都～府

59.23B
～史忠

478.9
～史輔

※N68A
隧不又～

311.15C
甲渠鄣候告～

132.39
居延左～義

20.9
廷～受制曰

119.2
行～事

139.36+142.33
甲渠鄣候喜告～

81.8A
居延都～府敢言之

111.5B
候塞～德

509.11A+513.1A
兼行都～事

285.23
其一封居延都～章

187.8A
～丞功

44.19
～史蒲付俱起隧

10.29
兼行都～事

76.33
南吏便詣～所

169.3
告～謂尺竟候長

491.10A
肩水都～

0776 光		0775 煌	0774 煙	0773 重 焦			
96		14	1	2			
202.21 ～適男孫	130.8 一詣敦～一詣張掖府	181.10 取傳歸敦～	14.11 晝舉亭上蓬一～	512.16 ～熹	234.1 ～史鮮于惲自言	231.118 ～行河南	326.2 令史弘～史彊
157.12 步～見爲俱南隊長		513.23+303.39 父以負馬田敦～				506.9B 水肩塞～印	185.9 ～曰諸
231.38 ～六月奉錢三百		217.5+217.32 即～恐				130.8 皆居延都～章	231.31 隊長武兼～史問

190.17
子～

15.4
騎士壽～里李充

562.3A
永～元年五月戊子

3.18
啬夫王～

14.6+213.21
坐令史奉～行塞

乙附 46
永～二年正月

560.20
氐池騎士安定里陳～

324.10
～叩頭死"罪"

484.16
永～五年九月

478.13
永～元年十月

68.37+68.42
吞遠永～四年八月

45.18
～敢言

0777 炅

7

462.1
～腸辟死

52.12
即日病頭恿寒～

114.19A
迺戊戌病頭痛寒～

黑部

0778 黑

70

15.5
長六尺～色

77.53+77.56
長七尺三寸～色

37.32
長七尺五寸～色

43.20
五寸～色

0779

黨

黨（小篆）

16

480.9
孫～

505.35
亡卒～君政謂褒

59.34A
元～寧可來

焱部

0780

熒

熒（小篆）

8

62.24
～陽宜秋里

45.1A
～陽

62.4
～陽春

赤部

0781

赤

赤（小篆）

25

502.3
出亡人～表函

505.8
～卮五枚

128.1（25）
～弩一張

128.1（65）
～弩一張

128.1（51）
赤弩一張力四石

128.1（20）
赤弩一張

128.1（35）
～弩一張

大部

0782

大

483

82.18A ～司農部丞簿録簿算

10.10 官～夫年廿四

435.7 ～令

31.1B 大～大

122.7 又紬～刀欲賊傷吏

137.14 昭武便處里～夫薛襃

486.27 故酒泉～（太）守

10.32 長史延行～（太）守事

10.33 御史～夫吉下丞相

60.3 百五石六升～

0783

夾

2

231.88 ～河還

矢部

0784

吴

22

505.15 ～成三兩半

81.5D 心中不亡故也～未

71.33 甲渠候史～尚

夭部

0785 奔

107

10.16B 行兵使者～未到

10.16A 宣～得幼孫

10.16B ～爲到臨渠

10.2B 病語者～爲

412.3A 唯以～

408.2A ～賜廣意記

73.9 泉～□丈人言

交部

0786 交

8

158.10A ～後

※78.43 憚～錢二百五十

326.6B ～（茭）錢二百卌

壹部

0787 壹

5

82.2 ～宿

217.16 私歸當道田舍～宿

幸部

0788 執

29

55.22
~胡隧卒司馬樂

502.14A+505.38A
迫駒~所辱

76.43A
有秩~事坐前

0789 報

63

176.11
白~李

72.11
亟~毋留如律令

114.19B
謁~敢言之

276.16
狀~江卿

110.34B
譚~

夲部

0790 奏

43

286.23
史忠~封

317.29
令史欽~發遣

261.36
今是皆候~

95.2B
令史嚴~發檄符

尢部

0791 奚

3

179.4 公大夫～路人

502.12 胡者捶～胡衺

夫部

0792 夫

171

38.28 勝之～妻當田之

478.1 孝君=～子文爲吏

541.1 侍中諫大～

241.5 嗇～

37.32 大～㒤建德

279.16B 子～足下

10.6 肩水關嗇～成

13.9 定陶徐白大～蔡守

立部

0793 立

26

38.18B 粟五十～石

145.25 任卿～俱廋索

225.21 ～和受蓬火不起

竝部

0794

竝

76

- 332.5 受～山隧塢上表再通
- 108.20 欲～入爲寇
- 308.32 欲～入爲寇
- 203.13 俱起隧卒王～
- 75.23 居延廣都里公乘屈～
- 350.62 亭長～出
- 52.11 ～
- 188.35 謹問候史～
- 55.19+137.1+254.20 張～印
- 178.24 卒張□～
- 73.14 吏～記到
- 234.1 ～尉史鮮于惲自言

心部

0795

心

16

- 5.18+255.22 即日疾～腹
- 211.6A 昨日病～腹
- 387.7+564.15 懷俠二～
- 81.5D ～中不亡故也
- 81.5B ～獨使

0796	0797	0798	0799	0800
息	志	意	應	慎
2	4	56	28	10
15.5 葆鸞鳥～眾里	267.6A 之恩志～事	100.40 遣如意隧長詣	甲附16 皆～令即射	167.4 幼子承詔謹～敬戒
	339.21A+146.5A 又幸賜記～	188.26 第十六隧卒狄～	7.7A 兵=即不～籍	202.12 謹之～候
		123.61 根～恐	103.6 移～書一編	421.8 加～毋忽
		221.29B 强飯完～	123.43 ～使善也	482.3 孝～戒之
		288.15 挂～		
		505.27 坐劾所垂～		

0801 忠 96

235.13 從者～

504.14 廣地隧長～

283.6 ～忠伏地

73.29 第十候長～敢言之

286.23 史～奏封

127.29 臨木隧長～敢言之

286.13 令史～見

37.35 公乘禮～

185.31 ～叩頭死〓罪〓

250.14 候長和～取

76.19 令史～見上府書

0802 快 1

502.14B 相問音聲意中～也

0803 憲 46

506.15 壽代～

95.11 今～叩頭死罪

95.11 召～詣官對狀

0804 憚 14

48.4 ～有劾

51.5 不更李～

※78.43 ～交錢二百五十

188.27 掾昌尉史～

71.20 ～皆失亡

0805 恭

13

42.22 聊城宋里～樂

231.92 ～親面見受教

231.6 第一隊長秦～

0806 恩

27

81.5C—81.5D 毋以復倚～也

175.8A ～呼舍行

154.4+210.24 馬子～記

267.6A 之～志志事

0807 慶

16

10.30 少史～令史宜王

40.4B 令史～

562.14 印曰牛～

0808 懷

2

387.7+564.15 ～俠二心

0809 急

48

485.4 年欲～用之

213.10 ～以檄

26.15 貧～毋已

507.2B 得毋佗緩～

14.5A 十餘日～

129.18+477.3 見客辨之～賜

276.16 事當白～

4.36 糸～謹伏地言

0810 愚

10

217.5 威～戇

387.22+407.4 ～戇觸諱忘言

454.16 下～

0811 忽

28

278.7B 毋～如律令

278.7A 毋～如律令

421.8 加慎毋～

0812 忘

16

387.22+407.4 觸諱～言

24.13 臨之隧長薛～得七百

15.14 魏郡繁陽高～里

62.52B 告使過亭毋～報

0813 惡

4

蔥 16.11 貨錢古～

恵 254.11 ～女年十八

恚 184.11 常心～

0814 懣

1

285.1 卒～常

0815
恙

33

81.5A
游君容萬年毋～

157.10A
仁叩頭言掾毋～

408.2A
長賓丈人毋～也

0816
恐

10

217.5+217.32
即煌～

61.19
～非海上八騎

123.61
根意～□謂充白根

第十一 水部——非部

水部

0817

水

321

491.10A 肩~都尉

284.8A 肩~候丹敢言之

10.27 ~衡抒大官御井

324.11 ~候官

10.17 今肩~候官士吏

288.2 肩~金關

506.27 賦就人會~宜禄里

387.12+562.17 肩~候官令史

562.21 今重在肩~

0818

河

111

533.2 戍卒~東皮氏成都里

※443.×1 ~西隧

279.8 ~東臨汾邑

231.118 尉行~[南]

178.19 ~平二年五月

231.88 夾~還入隧南天田

35.23 戍卒~東北屈賈害

334.46 ~南平陰尉史

字號	字頭	字數	例
0819	江	5	276.16 狀報～卿；4.4A 第二隧卒～譚
0820	温	4	395.1 疾～；7.31 疾～不幸死
0821	漢	52	100.22 居延彊～亭長鄒；562.28 累南尹安～；10.7 安～
0822	漆	4	249.3 ～錢百；100.23 故～履一兩
0823	汝	17	523.10 田卒～南郡西平當；15.22 ～南郡西平中信里；270.24 ～粟少四斗
0824	汾	1	279.8 河東臨～邑
0825	淮	43	33.8 丞相所奏臨～海賊；273.21 卒～陽郡長平北莊里；299.28 戍卒～陽郡
0826	治	126	58.3 已作～成；483.1 夏侯掾～所；506.10A 城官中亭～園條

0827

海

8

81.2 誠南候長王士～所

270.21 尉卿～所

203.8 ～簿病案𨟵

13.7 ～官民頗知律令

58.3 已作～成

139.36+142.33 趣作～已成言

10.16B 對幼孫～所

504.9 庚辰～

71.49 作～

169.18 肹部～所録曰

155.8 ～馬㹠涕出方

188.12 趣作～

484.21 告吏～絳單

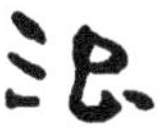
84.3 無醫～故不起病

88.8 候長王卿～所

486.53+486.5 ～所封符爲

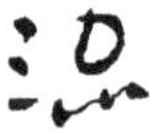
4.13A 趣作～

59.31 收放～所内中

168.11A ～第十杆一

478.43 槖佗～

33.8 丞相所奏臨淮～賊

445.6 ～東凡六石十二

495.12+506.20A 掾～守令史眾

0828 況

2

- 225.41 公士延年里王～
- 212.55 ～更賦給鄉里

0829 淵

13

- 283.45+283.56 傷左～一所
- 54.1 傷～中一所
- 178.14A+190.36A 子～佳君幸哀

0830 滿

10

- 136.3 ～三日
- 36.2 亡～三日五日以上
- 395.14 及除未～三月
- 62.28A 孩訊～三日

0831 滑

1

- 177.12 廩士吏～漢昌六月食

0832 澤

18

- 148.43 通～第二亭長
- 10.36 襄～
- 203.41 ～服如故

0833 沙

50

- 325.13 ～造
- 82.29 右高～隧卒
- 505.19 受～頭卒張詡
- 7.30B ～頭卒
- 479.6 除～一人

0834 溝

溝

20

110.18 甲～候官塞庶士

39.4 甲～官

95.4 甲～鄣守候君

0835 渠

渠

434

16.8 甲～官

264.22 甲～官

173.13A 甲～候官

270.20 甲～鄣候謹遣令史

326.17 甲～官

45.6A 甲～候官

175.6 甲～候官

174.32 甲～鄣候以

34.10 甲～候官

38.8 甲～候官

279.11 甲～候官以亭行

271.2 甲～候官

38.21 居延甲～第廿五隧長

154.5 甲～掾譚

73.7 甲～候官

377.1A 張掖甲～候官

39.12 甲～官亭次走行

82.5 甲～候官

258.19 甲～官

279.5 甲～官

16.6 甲～官隧次行

57.1A 甲～士吏彊以私印

4.29 甲～官

3.9 甲～官

271.4A 甲～候官

6.1 甲～候官

175.7 甲～候官

67.15 居延甲～第十五隧

231.22 甲～鄣

193.30 官移甲～候官

325.12 甲～候長齊劾寫

195.5 甲～鄣候

17.9 甲～候官建始

229.10 甲～守候

142.35 甲～令史誼

0836

澗

6

254.12+58.7 ～水多前時

128.1（28） 右～上隧兵物

0837

渡

6

10.22 蘭～肩水要虜

112.10A+B+C 欲～天田

112.10A 欲～天田以杖畫之

0838

没

1

300.16 終～

0845 滅	0844 減	0843 涕	0842 淳	0841 湯	0840 潤	0839 沈
3	3	1	16	29	2	4
336.32 木杖畫~迹	561.16 ~前一	155.8 治馬欬~出方	188.15 大夫~于竟	407.6 嗇夫宋~九百	435.6A 左目~	16.4B 掾習屬~書佐横
35.6 ~虜	506.10A 多過條者勿~		193.11A+193.27A ~于卿足下	10.32 肩水倉長~兼行丞事	435.6A 右目~	506.7 與世~浮
114.18 ~寇隧戍卒侯訣			511.17 公士~	560.25B 觻得騎士常利里趙~		
				157.2 卒~取		

0846

池

44

178.13 ～中里公乘張

255.4 第六隧長氏～長樂里

560.21 氏～騎士承明里鉏昌

564.2 氏～騎士富昌里

62.32 年廿二字～

川部

0847

川

5

51.18 潁～郡

10.37 父平陵里辛盈～

泉部

0848

泉

65

10.27 比原～御者

403.12 爲家私市酒～

95.8 當收～人八十

44.16 詣酒～北部都尉府

19.44 張掖酒～敦煌郡

73.9A ～幸有丈人

486.27 故酒～大守

灥部

0849 重

原

4

10.27
比～泉御者

285.14
～葆輪軸具

276.7
～馮

永部

0850

永

63

562.3A
～光元年五月戊子

68.37+68.42
呑遠～光四年八月

乙附 46
～光二年正月

231.26
鉼庭隧長王～

128.1（14）
～元五年六月

128.1（30）
～元五年七月

128.1（49）
～元七年正月盡三月

130.8
～元元年九月十四日

128.1（60）
～元七年三月

谷部

0851

谷

13

203.33
～候長

237.56
積當～隧

506.28
隧卒孫侯廣～隧卒

夊部

0852 冬 𠔀

5

34.7B ～寒願調衣進酒

482.19 刺史治所追斷～獄

雨部

0853 露

30

146.12 右廿～元年

283.7 廿～二年十一月

37.51 廿～二年正月

0854 需

3

5.3+10.1+13.8+126.12 未～頌轂

536.2 自～以餔時俟

魚部

0855 魚

9

263.3 鮑～百頭

163.8 楊君兄～廿

220.9 宮得～千頭

274.26A 出～卌枚直百

龍部

0856

龍

10

231.14B

隧長～張罰

×231.53

謹案～

68.73

候長～輔千二百

非部

0857

非

29

40.22

已鞫論～盜

75.17

辟～三

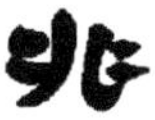

564.2

司～子

第十二　乙部——系部

乙部

0858 孔

4

72.44 隊卒～橫

26.21 鄣卒～勝

516.28 騎士萬歲里～利

0859 乳

3

5.3+10.1+13.8+126.12 年八十及～

286.19B ～廿

不部

0860 不

681

174.14 ～侵候長晏詣

180.34 ～可用

139.9 盧～調利

13.4 蘭入～知何一步人迹

225.28 ～侵

10.2B ～□充足行弟病語者

81.5B ～見游君容

77.65B ～可

5.18+255.22 四節～舉

13.4 又～劾候史

178.10+190.16 驗畢今～見

27.21A 後～欲言變事

159.3 遣～便

4.24A 鳳～習報官文書

3.35 乃爰書～職等辭縣

3.4 數責～可得

203.18 ～持射具

257.28 封□～

128.1（72） 敝盡～任用

128.1（42） 敝盡～任用

128.1（11） 敝盡～任用

214.97 來□會～

至部

0861

至

116

484.39 奏聞趣報～上計

15.2 萬世隧長～

181.18 ～今年十二月

59.8 同～今不致輸

10.27 二日壬子日夏～

74.17 使者楊君～都亭

0862

到

211

203.46 表~第十二隧〃長〃

563.1A 以次傳行~望遠止

260.20A 欲留~門君卒問

65.7 齒百從第一~千

52.14 須行令積~今不成

38.21 居延始~里張

140.7 ~今不還

※N112 ~

261.24 虜馬~

268.33 ~遣

13.4 安所~而不得從迹

317.6 書~拘校處實

285.12 記~持由三月奉

485.19 ~皇卿

203.18 部遠不及~部

271.24B 檄~山尊

139.36+142.33 寫移書~趣作治

523.9 九月乙巳~毋囚

203.49 書~願令史趣嚴憲致

15.18 書~出如律令

42.20A 寫移書~會五月旦

231.118 ~尉行河[南]

163.16 ~九月入錢五百

13.2 ~北界

59.37
壬寅～官

73.14
吏並記～

178.16
憙踵迹逐～第十隧

西部

0863
西

63

45.1A
～鄉守有秩志臣

※443.×1
河～隧

178.3
毋省河～

332.5
戊申日～中時

515.50+515.40
取～華里公士呂舒

戶部

0864
戶

37

257.22
倉庫～封皆完

266.16
～封皆完

81.10
同坽～籍臧鄉

506.1
～戊二

72.6
倉庫～封皆完

96.2
兵內户塢～侖

96.2
兵內～塢户侖

0865 房

房 35

220.16 臨之隊長王君～

491.6 右吴～五人

104.42B 十四隊長～

403.3 肩水候～以私印事

469.3 卒隨君～交錢二千

門部

0866 門

門 65

214.141 使～

18.7A 候來不詣～下

55.19+137.1+254.20 ～卒同以來

104.37 ～

325.14 蘇卿～下

395.10 重～擊柝以待暴客

0867 閎

閎 1

455.11 大司農守屬～

0868 閣

閣 19

206.8 九月戊辰～

10.40 襍予～

257.9 受～

0869 闌

闌 7

23.5 張掖屋～候

503.17+503.8 君～等渠率一人

26.11A 徐幼～欲得

0870 關

120

甲附 14A
肩水金～印

288.2
肩水金～

63.3
～緹一

15.18
肩水金～

65.7
居延與金～

10.6
肩水～嗇夫

128.1（35）
力四石木～

128.1（20）
力四石木～

128.1（65）
力四石木～

14.6+213.21
弩三～戾

562.14
金～卒未央

耳部

0871 聖

17

57.5
上雒里王～

157.1
～索父振爲甲渠

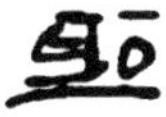
38.19
卒魏～取

0872 聽

15

459.4
到～書從

97.7
～書

484.36
～書牒

0873 職

31

※N67A
癸巳來～

229.6
備不虞爲～

285.24
常〃樂〃不事官～

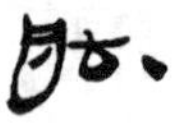
486.47 ~事數毋狀

3.35 乃爰書不~等辭縣

0874 聞

24

484.39 奏~趣報

10.27 謁以~

124.24 ~

0875 聶

2

505.34 緣中衣~帶竹簪

手部

0876 重 拜

136

387.12+562.17 昧死再~上言變事書

159.28 伏地再~言

485.22 敞伏地再~言

271.7A 樂成伏地再~再再

228.13 再~

239.44B 地再~

10.25A ~請具酒少賜子建

10.25A 伏地再~

45.6B 成伏地再~請

408.2B 廣意伏地再~

43.31B 幼湯伏地再~

10.25A 伏地再～請具

282.18B+283.27B 再～竟

227.25 再～

199.14A 再～請

0877
持

67

203.18 不～射具

403.12 ～牛車二兩

171.9 買馬牛～刀劍

203.18 謹～弩詣官射

285.12 ～由三月奉

157.1 ～所賈錢四千辟逃

14.5A ～食五六

0878
攝

10

聑 205.1 居～二年四月乙卯

154.34 居～元年十二月

25.4 居～三年十月

0879 掾

155

133.6A ～毋所倚

203.5 付～繩席

455.17 府五官～

154.5 甲渠～譚受訾家

483.1 夏侯～治所

95.13 ～

16.4B ～習屬沈書佐横

71.28 ～譚白

59.10 ～宗令史長

68.49 官～魏

42.20A ～雲守屬延書佐定世

421.8 ～從殄北始

203.31 罷卒費直前～

288.16 肩水府左～門下

188.27 ～昌尉史惲

486.4 ～史

505.13 居延計～衛豐

178.10+190.16 告～王平尉常書

0880 授

3

199.18 ～城明

5.10 取火～中

0881 承

88

167.4 幼子～詔謹慎敬戒

128.1（50）～六年十二月

128.1（64）～三月餘官弩二張

132.2 ～書從事

68.45 輔～禄

10.32 ～書從事

560.21 氏池騎士～明里鉏昌

428.7A 糸～弦八枚

0882
揚

8

76.13 臨仁里劉～

124.12+126.4 卒～甲取

0883
舉

61

168.6 四月君行塞～

482.7 北尺竟隧～⿰土焦上離合

428.6 晦日～堠上一苣火

279.16A 今□負子～錢百八十

108.10 宜禾第八即～火

14.11 晝～亭上蓬一煙

5.18 四節不～

457.18A ～以胡虜入塞

92.1 趙璜～

126.26A 卒兵～

0884
振

2

157.1 聖索父～爲甲渠

0885
失

32

78.44
～當曲卒

278.7A
虜即西北去毋所～亡

176.7
驗軍～候

183.3
毋令復直勤～舉

265.3A
～不以時

71.5
～期不

190.20
留穉～期

278.7B
～亡重事毋忽如律令

74.16
槧～亡

0886
抒

2

10.27
水衡～大官御井

0887
拓

7

198·13
～奴對曰

38.34
候史～

143.15
房～

0888
捕

30

179.9
下逐～搜索

114.21
名～平陵德明里

71.61
追～必得

0889
挂

1

288.15
～意

0890
掖

117

16.4A
宣德將軍張～大守苞

10.29
張～肩水城尉誼

285.9A
張～

137.14 張～郡昭武便處里

10.32 張～長史延行大守事

女部

0891 女

86

231.27 居延書曰累山里～子

203.4 妻大～佳年十八

552.2B 二～同居

203.16 妻大～貪

101.4A 叩男～等耳

0892 姓

19

181.5 ～韓氏

10.10 官大夫年廿四～夏氏

169.1B+561.26B 羅諸物名～字

0893 妻

49

194.2 ～大女胥

203.4 ～大女佳年十八

145.1 使～細君

0894 母

19

53.12 父～問之

413.6A 出羊一頭大～

227.39 ～狗二

0895 姑

7

68.9 牛～臧

562.12 移～臧庫

97.9 葆～臧西比夜里

0896 威 19

- 214·47 第十八隧長單～
- 15.8 令史宗～佐殷
- 212.66 掾～

0897 奴 34

- 160.2 上小～利大刀
- 214.126 益昌里蓋～
- 283.11 第十八隧長成買～

0898 始 256

- 96.1 ～建國三年正月
- 62.7 建～四年四月
- 110.17 ～建國二
- 154.1 ～建國天鳳二年六年
- 110.19 ～建國地皇上戊三年
- 506.14 ～建國三年八月
- 65.7 ～元七年閏月甲辰
- 255.24B 本～二年以來
- 120.60 本～五年
- 255.24A 本～二年以來

0899 委 3

- 213.36 ～馬不見
- 52.27 中更相～不便

0900 如 270

- 77.77 亟遣～律
- 271.21 ～律令
- 16.3 四時～律令

140.1A ～律令候自發

127.3 毋忽～律令

233.17+233.10 輒賦予～府書律令

278.7B 毋忽～律令

14.11 次亭燔積薪～品約

403.19+433.40+564.28 火四所大～積薪

75.28 名籍～牒

58.22 ～律

10.29 下當用者～詔書

15.18 所乘用馬各～牒

×239.116 移書到～

15.18 書到出～律令

72.11 毋留～律令

55.7 司農茭少不～薄

10.32 下當用者～詔書

68.78 留止～

203.41 澤服～故

128.1（23） 各大～踈

0901 嬰

22

458.1A ～閒立

216.3 倉石候長～齊

121.19 爲妻～取寧

0902 妨

1

257.1 順陽車父唐～靁篋

0903

姦

11

169.5
止～隧卒

448.4
止～隧卒繇

5.4
～卒延年以來

毋部

0904

毋

484

413.4
銅鍭六十四～出入

×517.22
～出入

523.9
九月乙巳到～囚

16.3
第有～宏等

257.22
倉庫户封皆完～盜賊

36.2
樂吏～告劾

326.7
甚～狀未忍行罰

68.26
寅還～

133.6A
掾～所倚

81.10
～官獄徵事

326.7
～忽如□律令

511.2
～出入

72.11
～留如律令

112.26
謹～留如律令

30.3A
不在元～客

218.30
所縣道～苛留

132.37
善～恙

455.1
入～憂隧長胡賜錢

127.3 ~忽如律令

26.15 貧急~已

民部

0905 民 32

29.3B 吏~出入籍

16.12 令吏~盡知之

71.8 吏~騎

丿部

0906 弗 1

351.7 ~

乁部

0907 也 47

340.35A 所負~唯威卿

141.10 ~謹

81.5D 心中不亡故~

10.21 今未可得出~

332.16 子雍於上聞~

340.17 右孟牛~

123.21A
敢入言~

408.2B
廣意丈人毋恙~

408.2B
長賓丈人毋恙~

81.5C—81.5D
毋以復倚恩~

氏部

0908

氏

21

※430.6
~

387.1
小月~柳羌人

231.21
王~宗率

533.2
戍卒河東皮~

181.5
姓韓~

10.10
姓夏~故民

氐部

0909

氐

32

179.4
~池宜廩里

228.21
~池尉

560.21
~池騎士承明里鉏昌

146.38+407.5
~池騎士平樂里

戈部

字頭	編號	說文	例
賊	0910	16	257.22 毋盜～；33.8 丞相所奏臨淮海～；122.7 又紬大刀欲賊傷吏
戍	0911	193	114.18 滅寇隊～卒侯訪；38.20A 謹～卒；510.21 守府移將～田卒；49.32 ～卒南陽郡；198.18 ～卒；10.34A ～卒貰賣衣財物；560.24 府從～卒某等；533.2 戍卒河東皮氏～都里；278.11 以食～田卒四人
武	0912	149	46.34 當曲隧長闕～；38.19 萬年隊長～；132.24 守令史張～第一；515.39 瞿陽～都里；137.14 張掖郡昭～便處里；101.36 候史～；38.16 ～成隊長；231.16 建～五年閏月；181.9 ～長伯盛寒

334.6
昭~千秋里大夫

143.28
~賢隧長陳安國

175.12
~威金城郡

181.2A
都鄉嗇夫~

231.31
隧長~兼尉史問

203.7
~成隧卒孫青肩

35.7
邯會卒王~

483.21A
建~六年

171.18
虞~彊年十三

75.13
駟望卒孫~

560.17B
掾充令史~光

63.11
~成隧長吳光

176.26B
~

戉部

0913
戚

2

65.11
~子□少九十石

我部

0914

義

15

132.39 居延左尉～

10.29 守卒史～

157.24A 雒陽上商里范～

珡部

0915

瑟

2

17.13 負～

乚部

0916

直

211

183.3 毋令復～勤失舉

36.7 黍米二斗～錢卅

505.8 ～二百五十

203.31 罷卒費～

72.6 酉～符倉庫户封皆完

237.8 凡～六十六

100.15 ～廿五

435.14 有責～五千

257.22 迺壬申～符

231.12 迺壬子～符

350.12 運茭就～

110.17 ～四千

286.19A
～二千五百卌二

154.24
～□□官東北

100.32
銅銚一～五十

37.35
凡皆～十五萬

326.6A
汲桐二～卌

274.26A
出魚卌枚～百

亾部

0917

亾

71

81.5D
心中不～故也

502.3
出～人赤表函

36.2
～滿三日五日以上

278.7B
失～重事毋忽如律令

145.28
遂收取所～杯

204.6
四月辛卯夜～

114.21
賊殺游徼業譚等～

※N114
坐～布復綺一兩

3.13
～

74.16
塹失～

100.40
鳳～遣

匸部

0918
區
4

- 512.2 不能～處而即盜
- 516.19 主毋～處

0919
匹
155

- 210.33 四～
- 10.18 驛馬騂一～
- 78.36 隧驛馬一～
- 394.1 正月祿帛一～
- 44.15 用馬二～
- 506.3 軺車一乘馬一～
- 81.8B 馬馬一～
- 28.16 馬一～
- 203.45 表裏用帛一～
- 325.11 毋尊布一～
- 71.46 馬二～
- 505.13 軺車一乘馬一～

匸部

0920 重
篋
5

- 257.1 順陽車父唐妨靁～
- 293.1+293.2 衣～三
- 89.13B 大葦～一

0921
匡
6

- 481.1B 隧長石～
- 71.1 第三隧長趙～
- 210.25 趙～詣

曲部

0922 曲

45

231.114 當～臨之隧

78.44 當～卒

203.2 當～卒同受收降卒嚴

瓦部

0923 瓦

3

506.1 ～箕

220.18 ～一

弓部

0924 弓

33

179.6 而空出一～

83.3A 累虜候長～箭四發

430.3 藉充～

0925 張

325

194.7 隧長～德不在署

132.24 守令史～武第一

16.4A 宣德將軍～掖大守苞

10.29 ～掖肩水城

167.7B ～掖居□取

231.42B 食～卿鈹上子候

285.9A 居延都尉居延～甲

231.14B 隧長龍～罰

37.29 爲家私市～掖

122.2 ～宗印

585.5 ～遂

71.65 第十七隧施刑～達

306.4A+5.9A ～掖肩水都君丞卿

76.40 長～岑自

231.105 隧長～易

505.37A 居里男子丘～

42.7 ～豐成

163.16 ～子功

10.32 ～掖長史延行大守事

张 128.1（29）凡弩二～箭八十八枚

128.1（4）赤弩一～力四石

128.1（9）赤弩一～

128.1（19）今餘官弩二～

128.1（25）赤弩一～

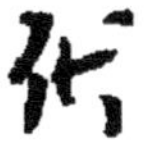
128.1（44）凡弩二～

128.1（18）承六月餘官弩二～

55.19+137.1+254.20 ～並印

485.24 ～掖

0926 彊

93

128.1（50）
餘官弩二～

34.19
～偃酒

171.18
虜武～

104.23A
～欲自往見

100.22
居延～漢亭長鄒

0927 弘

69

217.14
～當死

326.2
令史～尉史彊

317.6
遣尉史～齎

312.21
第四候長～

270.6
竟～□手

0928 弩

199

166.1A
隧驚～青繩卌二

128.1（9）
赤～一張

128.1（25）
赤～一張

210.6
第五隧六石具～一

486.18
～幡三

128.1（3）
今餘官～二張

128.1（19）
今餘官～二張

128.1（34）
承六月餘官～二張

128.1（29）
凡～二張箭八十八枚

82.7
不侵部～

54.1
六石～一傷淵中一所

14.6+213.21
～三關戾

0929

發

79

128.1（35）
赤～一張

326.6B（3）
二石～

217.27
～矢十二

83.3A
累虜候長弓箭四～

258.18B
召～適吏

264.36
案～

506.9B
即日嗇夫□～

140.1A
如律令候自～

弦部

0930

弦

48

522.10
今餘枲長～

10.37
承～十四

178.11
移入～鋸一

35.14
～函破

85.2
糸承□～二

428.7A
糸承～八枚

系部

0931

孫

128

75.13
駟望卒～武

387.19+562.27
烏～小昆彌烏

478.12
謂博望賈少～

274.35B
長~足下進

10.16A
幼~少婦足下

78.33
~君

231.14B
君坐~士吏

408.1
南界隧長~長

202.21
光適男~

506.28
隧卒~侯廣谷

80.9+350.17
隧長~良十月

63.27
第十七卒~通上

第十三　糸部——力部

糸部

0932 糸

24

175.9 出～承弦十八

4.36 ～急謹伏地言

85.2 ～承□弦二

203.45 ～絜

0933 緯

9

181.8 布～糒三斗

236.34 辟弦～縛

214.93 練～紬五尺

0934 紀

7

76.8 第八卒～田

332.16 綱～人倫

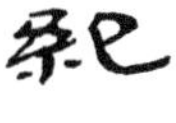
183.7 ～不誰

0935 絶

16

127.24 奚索幣～

128.1（25） 起繁往往～

128.1（70） 起繁往往～

0936 細

10

204.7B 季～卿

145.1 使妻～君持使

349.31 ～君

0937
級

17

162.8 令賜各一～

250.23 奪爵一～

162.12 令賜各一～

0938
約

19

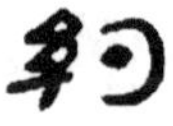
14.11 次亭燔積薪如品～

273.12 ～至九月糴必以

564.7 ～已縣官事

0939
給

99

72.35 ～逆胡隧

157.10A ～使隧長仁叩頭言

54.15A 故廣德不～

0940
終

9

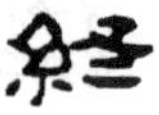
67.39A ～古三

300.16 ～没

180.22 ～尉史趙皮

0941
練

19

317.28 早～復綺一兩

180.23 獨有私故～襲

203.45 ～襲一領

0942
綘

8

484.19 吏市～履綺帶

※121.16 河東～邑亭長枚段

484.21 告吏治～單

198.17B ～

0943
綰

3

213.2 戍卒李～

488.2 正里～春衣橐

0944	0945	0946	0947	0948		0949	0950
組	紐	絝	繩	編		絮	絡
1	1	58	29	86		11	2
14.23 鞮瞀十二條毋~	113.28 鋗~不以時著	40.1 白布~	166.1A 第十六隧驚弩青~	75.9 五月食名籍一~	128.1（32）月言簿一~	113·4 絡~百卌三斤	132.20B 即絳取~
		82.12A ~一兩	203.5 付掾~席	203.47 錢簿一~敢言之	128.1（62）官兵釜磑四時簿一~	89.3 糸~各一斤	
		317.28 早練復~一兩	138.7+183.2 ~十丈	103.6 移應書一~		203.45 糸~	

0951
繫

3

116.27
子～馬今下

18.2A
八人～罪

0952
絜

7

198.7
北邊～令第四

203.5
出枲一～

10.28
北邊～令第四

素部

0953 重
緩

7

3.26
六石弩一絙～

507.2B
得毋佗～急

89.21
具弩一完緯～

220.18
～瓦一

率部

0954
率

29

231.21
王氏宗～

168.21
～人五十束

41.23
百廿二～人一

503.17+503.8
君闌等渠～一人

虫部

0955
强

10

229.1+229.2
~使宣行

87.10
以食先登卒~武

221.29B
~飯完意

蚰部

0956 重
蚤

35

203.1
八月己未~（早）食人

203.18
七月丁亥~（早）食人

170.4
又~（早）食

113.27
七月辛酉~（早）食人

它部

0957
它

46

14.28
時毋~坐

81.5A
頃舍中得毋有~急

10.16A
~不足數來

6.13
矢數于牒~如爰書

231.115A
起居得毋有~

二部

0958
二

2079

37.23
長七尺~寸

552.2B
~女同居

37.32
年卌~長七尺五寸

15.16
王永年廿~

52.25
萬九千~百七

128.1（50）
餘官弩~張

157.2
卒柳世三石~斗二升

157.2
卒柳世三石二斗~升

0959
凡

205

123.2
最~十三人

35.13
~入穀四石九斗二升

112.6
~穀萬六千四百

128.1（44）
~弩二張

128.1（29）
~弩二張箭八十八枚

203.19
~用穀四石三斗

203.37
最~十九人家屬

445.6
海東~六石十二

246.33
~出錢二千九百

3.25
札五通~九通

214.37
~千二百

286.19A
~肉五百卌一斤

- 506.10A ～十二畦
- 286.19B ～四百五十
- 237.8 ～直六十六
- 505.20 ～五十八兩
- 76.17 ～四人
- 562.1A 小史～三石
- 214.76B 最～七十人
- 142.18 一反〃儋八束～

土部

0960 土

土 60

- 225.32 以～德代火家
- 482.6 除土除～除土除土
- 83.2 宜～里
- 圡 387.12+562.17 公乘冀～臣憙
- 203.8 案墼塗塗累除～
- 27.8 治墼八十除～

0961 地

地 228

- 145.15 ～蓬索三
- 126.26B ～節四年三月
- 326.22B 芾伏～拜言君足
- 218.12 伏～再
- 28.21B ～地地地再初初
- 43.31A 伏～再拜

0963 在	0962 均

106	1

228.19 謹伏～道

128.1（14）廣～南

255.24B 盡～節二年吏除

128.1（33）廣～南部

407.2+562.9 廣～候

128.1（30）廣～南部

255.24A 盡～節二年吏除

40.20 伏～

323.10 伏～再拜

10.25A 伏～再拜

159.6 商伏～再拜

125.8 ～節

513.2 湯公伏～多問

350.35 伏～再拜

16.4B 屬沈書佐横寶～

108.19 候史包～所

340.18 詘大婢～

194.17 第二隊長景褒不～署

286.27A ～褒所前

30.3A 不～元毋客

55.3+55.15 糴粱粟二石多餘安～

（在，續）

7.7A 隨兵所～亭

185.9 尉曰諾～

276.16 趣言轉事～曹上

206.27 隧長王賞不～署

267.3 今安～

0964

垔

72

14.6 ～候史齊行塞

231.14B 君～孫士吏

※N114 ～亡布復綺一兩

290.4 腆毋狀當并～

尘 59.13 必～

76.43A 有秩執事～前

0965

封

266

65.13 庫丞印～辟

482.1 無～印章

459.1 及餘宜收之～北

317.1 北書五～

87.9 ～

62.22 北書一～

258.3 令史根～

486.53+486.5 治所～符爲

482.16 詣官～符

0966 城

城 99

67.25 戍卒陳留郡～丘相

257.28 ～□不

72.6 倉庫户～皆完

130.15 出北書八～

130.11 ～完

130.8 入南書二～

203.15 右～北部卒家屬名籍

108.11 宜禾第八獨和金～

311.30 元～第八車卜廣

34.9+34.8A 傳舍獄～郭官府

10.29 張掖肩水～尉

506.10A ～官中亭治園條

265.10 ～北

176.27+176.40 ～北隧卒騰勳

505.25 廩諸當之延～

0967 塞

塞 160

239.36 ～尉

10.22 要虜隧～天田入

168.6 四月君行～舉

49.34 河水中出～時便主迹

455.3 闌越～天田出入迹

14.6+213.21 坐候史齊行～

457.18A 舉以胡虜入～

485.42 越～出

14.6+213.21 坐令史奉光行～

0968

壘

壘

3

54.23A 隧長更生～亭簿

54.23A 五月庚辰初～亭

0969

塗

塗

14

203.8 案墼～塗累除土

19.36 公士费～人

264.32 不～

塗 203.8 案墼～塗累除土

里部

0970

里

里

730

162.14 公乘鄴宋～

533.2 河東皮氏成都～

77.53+77.56 就～唐宜年廿三

73.15 三𢖍隧戍卒居延陽～

162.16 公乘鄴左都～崔黃

194.18 居延當遂～公士張褒

512.26+516.14 四百五十五～

146.3 戍卒東都畔東成～

564.6 觻得騎士敬老～

28.10 戍卒鄴東利～張敞

51.5 葆鸞鳥大昌～

334.6 昭武千秋～大夫

田部

0971

野

20

239.77 定陰□~

38.21 居延始至~

513.42 左安~呂福

×76.51 ~不更

7.14 庸同縣千乘~

505.38B 去都倉三十餘~

114.21 名捕平陵德明~

505.13 子男居延平~衛良

505.37A 居~男子丘張

181.1A 去降虜隧百五十九~

255.4 第六隧長氏池長樂~

15.21 觻得石成~諒賢

15.24 騎士千乘~王狗

477.5A 新~守丞

273.28 掾~臨

14.25 隧長屋蘭富貴里尹~

160.19 卒李雁故吏~主

0972 田 (223)

- 5.3+10.1+13.8+126.12　置孝弟力~廿二
- 231.88　出俱起隧南天~
- 513.23+303.39　父以負馬~敦煌
- 175.12　令曰~
- 76.8　第八卒紀~
- 203.29A　移檄明晝天~
- 563.1A　廣~隧

0973 畦 (5)

- 506.10A　凡十二~
- 506.10A　韭三~
- 506.10A　葱二~
- 506.10A　葵七~

0974 畔 (3)

- 13.6　東郡~戍里
- 146.3　戍卒東郡~東成里

0975 畍 (49)

界

- 505.23A　付~亭卒同
- 264.40　從迹盡~
- 181.1B　告告□東~
- 13.2　到北~
- 486.74　~中敢言
- 506.10B　~亭

71.13 部～中
188.17 適爲卌井南～載
61.19 馳之南～辟問

0976 略 7

71.54 臨桐隧～得
159.12 虜所～得者言

0977 當 292

36.20B 壽～責市人
88.12 ～南候長惲敢言之
203.18 ～會月廿八日
78.44 ～曲卒
306.1 水門隧卒蔡～時
72.4 將軍從史～下
551.2 人～來
81.10 毋官獄徵事～得
10.29 下～用者如詔書
288.22 ～利隧施刑始永
217.14 弘～死
203.2 ～曲卒同受收降卒嚴
68.80 御史到～
104.17+101.15 第卌三隧長梁～時
65.18 承書從事下～用者
10.31 下～用者如詔書
237.56 積～谷隧
507.3B 即～入王並一兩

0978

畱

94

242.3 ~

507.3B 粟餘~爲五百

176.32 即~責

505.25 廩諸~之延城

502.2 守亭長~出

181.1A ~行一時六分

27.2 罪~死

67.24 戍卒陳~郡長垣新

甲附 4 不而及離尊亭~侍難

140.1A 過所縣邑侯國勿苛~

112.26 謹毋~如律令

5.16 歲~

67.25 戍卒陳~郡封丘相

72.11 毋~如律令

190.20 ~穉失期

212.32 ~

306.6 毋~

227.89 官即~廣

181.1A ~遲三時四分

260.20A 欲~至門

0979 畜

畜 16

157.10A 幸得～見

77.8 乘家所占～

286.5 小～錢未出

黃部

0980 黃

黃 42

33.26 ～君山糒五斗

126.23 ～米一石

162.16 公乘鄴左都里崔～

507.2B 毋有～誌

男部

0981 男

男 79

162.14 戴通卒故小～

282.9B 以付鄉～子莫

560.2A 旦大～廝殷

202.21 光適～孫

458.1A ～子取之

101.4A 叩～女等耳

37.33 居延復作大～王建

42.24 病不幸死□子～

60.2 復作大～蔡市

185.34A 若子其所取錢予中～

力部

0982 力

49

203.26 自在數蒙賁守候～不

128.1（25）～四石五木破

128.1（65）赤弩一張～四石木關

5.3+10.1+13.8+126.12 置孝弟～田廿二

0983 功

72

478.11 利以～次遷

68.17 公乘孫第自占書～勞

20.6 以～次遷爲

62.56 以～次遷補肩水候長

228.31 年～案

203.18 詣官上～不持射具

15.25 樊褒詣府對～曹

10.17 中～一勞二歲二月

227.15 常以令秋射署～勞

6.5 署～勞

564.6 成～彭祖

187.8A 尉丞～

270.11 謹案吏～算

0984 助

助 7

110.2 ～吏東郭尊

10.32 ～府佐定

129.18+477.3 王游君與相～

0985 勞

勞 71

13.7 中～二歲八月十四日

179.4 中～三歲一月

82.36 中功一～八月廿九日

132.37 ～部

0986 恿 重

恿 2

4.4A 四月七日病頭～（痛）

52.12 即日病頭～（痛）寒炅

0987 劾

劾 32

255.21B 告～副名籍

※233.24 ～移

325.12 甲渠候長齊劾寫

36.2 樂吏毋告～

0988 辦 新

辦 8

393.1A 自～如故事

262.25 具鹿鋪～

317.21 坐毋～護

第十四　金部——亥部

金部

0989
金

78

139.28
～曹調庫賦錢

81.5D
～長射爲誼所嬉

199.22
肩水～關

65.7
居延與～關

288.2
肩水～關

甲附 14A
肩水～關

231.115B
罰～五千

108.11
宜禾第八獨和～城

5.19
～關卒德以來

562.14
～關卒未央

0990
銅

36

160.19
矢～鍭百完

128.1（10）
盲矢～鍭箭五十枚

128.1（26）
盲矢～鍭箭五十枚

128.1（41）
盲矢～鍭箭五十枚

128.1（57）
盲矢～鍭箭五十枚

128.1（71）
盲矢～鍭箭五十枚

128.1（21）
陷堅羊頭～鍭箭

128.1（5）
陷堅羊頭～鍭箭

128.1（52）
陷堅羊頭～鍭箭

128.1（66）
陷堅羊頭～鍭箭

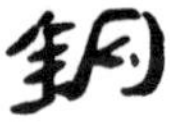
100.32
～銚一直五十

0991
録

6

495.4A
收～置意中教耳

82.18A
大司農部丞簿～簿算

169.18
⿰月公部治所～曰

0992
錮

3

128.1（22）
鍉有～口呼長五寸

128.1（6）
鍉有～口呼長五寸

0993
銚

3

26.29
邯鄲～二枚

100.32
銅～一直五十

0994
鋗

2

113.28
～紐不以時著

0995
鐙

1

231.96
鎧～鋁各八稾矢

0996
鍼

1

159.9A
久脛刺廿～

0997 鈹

鈹

1

231.42B
食張卿~上子候

0998 錢

錢

619

505.15
出~四千七百一十四

78.2
出~二百卌

52.45
~財物臧内户

※78.43
惲交~二百五十

16.11
貨~古惡

168.17
凡出~三千二百八十

61.18
餘~百廿

82.25
第十候長茭~

36.7
黍米二斗直~卌

63.14
入市餘~二百五十

3.5
出~買

132.18
出~二百八十

285.22
凡入賦~卌萬八千

262.7
出~

279.16A
今□負子舉~百八十

乙附7
出~百六十

455.1
隧長胡賜~九百

286.27A
王卿奉~千三百五十

176.58
奉~百廿

73.20
~六百

168.10
以直~三百五十

157.1 持所賈~四千辟逃

203.47 ~簿一編

249.3 漆~百

505.20 用~七萬九千

282.9A 唯官以二月奉~三

282.9A 趙子回~三百

163.16 到九月入~五百

276.15 出~四千三百

38.26 出~五千四百廿

265.26 黍~唯

132.20A 取五十~

0999

鉏

3

560.21 氐池騎士承明里~昌

68.109 □□□~

1000

鎮

2

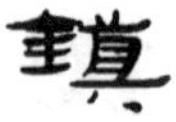

285.21 鄣卒許~

1001

鋸

9

47.4 ~二

132.34 ~不任事

178.11 移入弦~一長七尺

1002

鏃

31

160.19 矢銅~百完

128.1（10）盲矢銅~箭五十枚

128.1（26）盲矢銅~箭五十枚

1003
鉼

38

128.1（57）盲矢銅～箭五十枚

128.1（71）盲矢銅～箭五十枚

128.1（21）陷堅羊頭銅～箭

128.1（5）陷堅羊頭銅～箭

128.1（52）陷堅羊頭銅～箭

128.1（66）陷堅羊頭銅～箭

4.4A ～庭隧卒周良

132.12 ～庭候長輔敢言之

486.23 ～庭

几部

1004重
處

27

177.1 朱～六月食

317.6 書到拘校～實

137.14 張掖郡昭武便～里

且部

1005
且

17

5.13 朕～

10.4 ～遣都吏循行

5.11 ～明時駕欲出

斤部

1006 斤

87

- 300.8 置佐遷市薑二～
- 178.7 六十八石三鈞十～
- 286.19A 脂肉六百四～
- 506.1 茹十～
- 286.19B 心卌～
- 36.11 今力四石卌～

1007 斧

15

- 285.18 ～一不任事
- 82.1 毋～
- 85.4 ～二枚

1008 所

344

- 175.20A 過～
- 15.12A 不它～
- 88.8 候長王卿治～
- 408.2A 至長賓孝君～
- 504.4 得使一人分賢步～
- 286.27A 在褒～前取
- 334.9 詔獄～還居延鞮汗里
- 13.4 安～到而不得從迹
- 512.5 爲亭隧竈～四
- 179.9 詔～名捕重事
- 37.21 謂過～縣官
- 128.1（23） 磑一合上蓋缺二～

1009

新

36

231.34 時日~

37.17A 郅連廄置駟集上乘~

239.117 治~

582.8 天~厚

340.35A ~負也唯威卿

326.5 證~言它如爰書

72.4 之君~取馬錢

6.19 ~便名

185.34A 若子其~取錢予中男

486.53+486.5 治~封符爲

157.1 持~賈錢四千辟逃

505.27 坐劾~垂意卒當亟至

81.5D 金長射爲誼~嬉

128.1（68）磑一合上蓋缺二~

214.146 卿〃~

128.1（54）磑一合上蓋缺二~

59.31 收放治~内中

10.16B 隧長對幼孫治~

108.19 候史包在~

477.5A ~野守丞

104.4 入~

63.18 相請~

斗部

1010

斗

563

52.61 右~食斗吏二人

267.8 七月食三石三~三升

154.10 用鹽十九斛五~

35.13 凡入穀四石九~二升

203.13 凡用穀三石三~三升

76.17 ~食

203.19 凡用穀四石三~

233.14 五月食三石三~

160.17B 凡四人食十六~米

173.5 百七十七石五~

14.24 三石一~六升

308.40A 付蕭長卿六石四~

132.20B 五~

4.12 出糜子一~

284.17B 小麥麴二~

203.15 凡用穀九十七石八~

273.16 入糜小石十一石六~

68.104 八石四~

52.46 米一石二~二升

183.9 出麥一石九~三升少

177.16 用穀廿七石六~

1011

斛

31

203.12 用穀七石一~八升大

286.6 用穀一石六~六升大

507.3B 五百卌六石六~六升

203.23 省茭用穀五石三~

267.26A 食三石三~三升少

52.52 食三石三~三升少

77.24 爲大斛二~六升

173.5 其三百卌三石五~

502.13A 須二石八~八升

※486.28 斛黍~少

57.19 粟一卷三~三升

160.17A 董倩出五~八升

70.8 ~數當月十二日

33.26 黃君山精五~

159.26 ~三升少

234.3 一石八~

※486.28 ~黍斗少

154.10 祿用鹽十九~五斗

480.6 黍米一~

100.34 穀三十一~二斗

77.24 爲大~二斗六升

95.12 載穀三十~致官

升

382

160.17A
董倩出五斗八～

173.5
百七十七石五斗一～

203.19
凡用穀四石三斗三～

267.8
七月食三石三斗三～

190.40
一百一十四石九～

203.12
用穀七石一斗八～大

507.3B
六石六斗六～大

159.26
三～少

35.13
凡入穀四石九斗二～

33.20
出粟四斗二～

52.46
出六～

14.24
三石一斗六～

203.13
用穀三石三斗三～

52.46
出六～

52.46
米一石二斗二～

60.3
百五石六～大

82.8
杜喜粟三石三斗三～

176.18+176.45
三石三斗三～

173.5
三石五斗五～大

157.2
世三石二斗二～少

203.23
用穀五石三斗一～少

52.52
食三石三斗三～少

57.19
粟一卷三斗三～

88.26
人六～

505.16
薑二～直曲

10.39
鹽少半～

矛部

1013
矛
矛
1

491.2
餘長～三

車部

1014
車
車
176

521.2
～騎者

62.32
乘方相～

387.19+562.27
～騎將軍下詔書曰

43.20
軺～乘

311.30
元城第八～卜廣

10.20
元康三年計毋餘完～

37.30
入牛～一兩

76.32
即日以～

24.6
第廿～

83.5A
驩喜隧車父～

54.11+54.13
牛～二兩

77.7
將～觻得萬歲里

428.2A 貝丘第四~

1015 軺

14

43.20 ~車乘

51.6 ~車一乘

341.25 ~車一

1016 轄

1

478.23 ~

1017 載

39

486.92A 所~書

188.17 適爲廿井南界~

95.12 ~穀三十斛致官

75.7 已~六兩

1018 軍

46

504.10 從者南陽冠~宣里

16.4A 宣德將~

387.19+562.27 車騎將~下詔書曰

501.8 其出入毋必令將~見

72.4 將~從史當下

286.10A 將~一月祿用錢

72.4 音送安都將~與主

1019
轉
33

- 133·13 出～錢萬五千
- 395.14 已載～者
- 276.16 趣言～事

1020
輸
55

- 283.8 以以以視以～以
- 42.21 候史長“棐”～將軍弩
- 5.12 ～子元受致書

1021
輔
53

- 40.21 ～遷補
- 29.2 子大男～
- 290.2 受降隧卒孟～

𠂤部

1022
官
822

- 16.8 甲渠～
- 82.5 甲渠候～
- 326.17 甲渠～
- 34.10 甲渠候～
- 38.6 甲渠候～
- 45.6A 甲渠候～
- 220.7 甲渠～
- 194.19 渠～
- 71.43 右一人主～令史
- 133.1 甲渠～
- 231.5 木候長王宏詣～
- 264.22 甲渠～

3.9
甲渠~

16.6
甲渠~隧次行

401.2
卌井~以亭行

324.11
水候~

81.10
毋~獄徵事

10.27
水衡抒大~御井

228.10
水候~二

279.5
甲渠~

39.12
甲渠~亭次走行

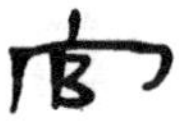
501.8
七丞~穀十五石

95.11
召憲詣~對狀

88.6A
北候~居延農

173.13A
甲渠候~

175.6
甲渠候~

175.7
甲渠候~

104.8+145.13
甲渠候~以亭行

6.1
甲渠候~

206.12
甲渠候~

39.4
甲溝~

160.9A
掾郡君臣~

58.1
甲渠候~

312.14
甲渠候~行者走

73.7
甲渠候~

279.11
甲渠候~以亭行

73.29 ～移府舉書

312.16 以小～印行丞事

5.16 肩水候～

332.1 肩水候～

562.14 肩水候～

72.56 殄北～

4.29 甲渠～

455.17 府五～掾

234.8 候～

20.10 肩水候～

20.1 肩水候～吏馬馳行

36.16 候～

244.4+244.6 惲將部卒詣～稟

78.13 還詣～

231.4 第九隧長上～宗

139.29 詣～五月癸卯下餔

482.16 詣～封符

37.21 謂過所縣～

272.29A 諸～

4.24A 鳳不習報～文書

206.18 移～移迹簿一編

108.6 殄北候～

525.10 ～告第十候長

178.17 即日遣之～書到

128.1（31）
謹移七月見～兵釜磑

7.7A
齎事詣～

18.2B
薛卿以以教～官有

227.89
～即留廣

7.7A
～以姑臧所移卒

221.29A
足下良苦～

76.38
～尉吏

274.36
肩水候～

137.5
亭言～府令何言

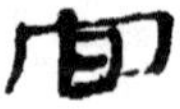
5.19
肩水候～

74.18
肩水候～

3.8
迺五鳳三年中爲候～

𨸏部

1023
陵

27

311.28A
不侵隧卒定～中陽里

114.21
名捕平～德明里李蓬

36.3
道鳴沙里～廣

340.34
長安囂～里尹勝

1024
陰

34

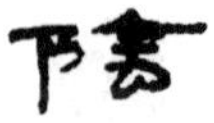
159.1
陳留郡平丘～里

89.23
無～密

120.36
濟～郡

1025 陽

陽

251

- 160.9A 令史～白前不前
- 44.18 鄗定～里高願
- 481.11 第一隧長徐～
- 8.1A ～朔二年正月
- 45.1A 熒～
- 29.3B ～朔元年六月
- 190.21A ～朔三年三月
- 103.3 禹償～
- 193.1A ～朔二年四月五日
- 117.30 故候史觻得市～里
- 73.15 三𢳚隧戍卒居延～里
- 58.27A ～朔五年三月
- 15.2 戍～縣南陽里狄奉
- 140.3 戍卒梁國睢～
- 284.8A ～朔元年九月
- 438.3 市～里張宮
- 15.14 魏郡繁～高忘里

1026 阿

阿

12

- 286.6 子使女～
- 7.31 鉅鹿郡廣～臨利里
- 118.29 鉅鹿郡廣～螢里

1027 陷

陷

15

- 128.1（5） ～堅羊頭銅鍭箭
- 128.1（21） ～堅羊頭銅鍭箭
- 13.10 ～堅[illegible]矢百完

128.1（66）～堅羊頭銅鍭箭

1028
降

29

290.2 受～隊卒孟輔

305.11 受～隧長成德

181.1A 過半通府〓去～虜隊

1029
陳

56

149.19+511.20 昌邑方與士里～係

231.117 第十一隊長～

143.28 武賢隊長～安國

67.25 戍卒～留郡封丘相

67.24 戍卒～留郡長垣新

1030
除

149

255.24A 盡地節二年吏～

255.24B 盡地節二年吏～

395.14 已載轉者及～未滿

71.53 月乙亥～

71.15 月辛酉～

84.20B 十二月吏～及遣

203.8 案墼塗塗累～土

482.6 除土～土除土除土

214.102 亭案赦之～

10.10 十一月中～爲

𨺅部

1031 𨽍

篆文 313

隧 563.1A 廣田～以次傳

10.12 如意～長奉親

10.13 起禁姦～

隊 193.14 呑北～□

4.4A 第卅一～卒王章

29.14 萬世～皆廢置

1032 重 隧

篆文 788

隧 166.1A 第十六～

166.10 第十～卒

128.1（12）右澗上～兵物

四部

1033 四

篆文 1006

214.22A 正月盡三月～時簿算

214.22B 正月盡三月～時簿算

306.4A+5.9A 神爵元年～月

139.28 賦錢萬～千三

68.36 第卅～隧

276.15 出錢～千三百卅五

112.6 凡穀萬六千～百

515.1 今餘有方五十～

35.13 凡入穀～石九斗二升

1034 重

三

三

29

62.7 建始四年～月

505.19 二月十～日

62.7 建始～年四月

83.3A 累虜候長弓箭～發

193.1A 陽朔二年～月五日

63.13 蘭冠～

45.4A 五鳳三年十月盡～

68.37+68.42 呑遠永光～年八月

128.1（25）力～石五木破

128.1（75）謹移～月盡六月

339.25 廿～日

190.40 二千一百一十～石

312.21 第～候長弘

214.64 部虿矢卌～

325.11 帛～尺

157.1 持所賈錢～千辟逃

180.19 第卌～隧長趙賢

130.8 永元元年九月十～日

128.1（51）赤弩一張力～石

286.19B 凡～百五十

251.3A 十一年～月十二日

210.33 ～匹

231.54 五月食用穀～

231.50 第廿～隧卒蘇循

505.38B 去都倉~十餘里

413.4 銅鍭六十~毋出入

五部

1035

五

1375

193.1A 四月~日

132.20B 絳尺~寸

173.5 百七十七石~斗一升

203.6 建平~年十二月

501.8 七丞官穀十~石

36.2 亡滿三日~日以上

21.1A ~千

478.13 二百五十~

323.2 一百~十

181.4 元延三年~月乙丑

3.15 今餘茭~千六百

77.34 ~鳳元年四月己丑

317.1 北書~封

311.15A 初元~年八月己酉

311.15C 初元~年八月丙午

203.3 第~隧卒徐誼

393.5 第卅~

279.8 陽朔三年~月廿八日

273.21
稟～十

40.5
～三石

154.10
用鹽十九斛～斗

231.54
～月食用穀四

50.22
～月丙戌

286.19A
凡肉～百卌一斤

505.8
赤卮～枚

286.27A
粟少十～石

455.17
府～官掾

290.8
建平～年八月

37.23
年卅～長七尺二寸

17.12
初元～

123.30
出錢～百

59.3
出第廿～積茭

146.92
入絞廿～丈

515.50+515.40
年廿～

128.1（10）
盲矢銅鍭箭～十枚

128.1（30）
永元～年七月

484.16
永光～年九月

299.27
石～

562.3A
永光元年～月戊子

189.8
卒積～

226.5A
四千～百六十

168.10
以直錢三百～十

120.72
滿～日

233.13
～十少千一百

139.29
～月癸卯下餔

231.105
第十～

16.11
設作～銖錢

128.1（22）
鍉有錮口呼長～寸

323.3
里王野年廿～歲

334.2
出錢～中尉取

18.15
～石具弩

181.1A
去降虜隧百～十九里

128.1（67）
鍉有固口呼長～寸

139.36+142.33
會月十～日詣言府

206.27
第十～隧長王賞

58.27A
陽朔～年三月

33.26
黃君山精～斗

54.23A
～月乙巳

62.25A
入長木～長長

286.19B
凡四百～十

59.2
入粟大石廿～石

206.14
千一百～十九石

120.68
～十二石

168.11A
第十～

六部

1036

六

1121

290.1 凡入假佐十～人

515.30 千一百丗～人

273.16 入麋小石十一石～斗

126.5 廿七分升廿～

231.70B 月～日甲

3.15 今餘茭五千～百

506.11 用錢萬七百七十～

212.12 出賦錢三萬～千

133.4B ～十五錢

221.22B 十～

317.31 丁酉卒～人其人養

6.15 乙巳日入～百

166.1A 第十～隧驚弩青繩

14.24 其～石三斗二升

65.7 爲出入～寸符券

14.19A 臧翁卿錢～百

317.16 第廿～隧卒欒起成

136.34 取第丗～

20.9 歲各課其縣道□丗～

255.4 第～隧長氏池長樂里

564.5 當谷隧長卜彊～百

54.1
～石弩一傷淵中一所

10.34A
元康四年～月

183.8
元元康五年～年

169.6
～月食三石

131.32
千～十六

18.17
斗三升少～月甲戌

507.3B
五百卌六石六斗～升

511.25
用錢～百

154.1
始建國天鳳二年～年

507.3B
五百卌六石～斗六升

177.16（2）
用穀廿七石～斗

40.5
有方～

72.7
出錢三千～百

140.3
年廿～

188.2
出粟～石

192.24
用食三石～斗

286.6（3）
凡用穀一石六斗～升

286.6（3）
三用穀一石～斗

75.29
～百

59.3
第廿五積茭～百五十

308.40A
付蕭長卿～石四斗

112.6
凡穀萬～千四百

260.2
乙錢奇多～

128.1（63）
元七年四月盡～月

286.19B
肺～十

81.8B
馬一匹高～尺

166.6A
第十～隧服一完

210.6
第五隧～石具弩一

10.34B
～月壬戌

286.19A
卌～斤

128.1（50）
承～年十二月

227.12
第～隧長公乘王常利

166.7B
第十～隧靳干一完

36.16
第～

278.11
始元三年～月

448.1
孫翁～月食三

124.2
庚戌廩卒道等～人

166.7A
第十～隧靳干一完

203.12
第～隧卒甯蓋邑

413.4
銅鍭～十四

181.1A
當行一時～分

81.8C
橐馬一匹高～尺八

110.31
粟卌～石

75.7
載賞二兩□已載～兩

88.26
積廿九人人～升

177.12
廩士吏滑漢昌～月食

286.19B
頭～十

128.1（15）
謹移～月見官兵物

128.1（33）
言永元~年七月

124.29
十~

286.19A
廿~斤半

128.1（75）
謹移四月盡~月

52.46
出~升四日夜食

99.5
~升大

128.1（45）
永元~年七月

299.5
六~

188.10
~人病

55.19+137.1+254.20
~月丁酉門卒同以來

536.10
~月己

176.3
第十~隧長

110.14
粟一斗得米~升

445.6（1）
海東凡~石十二

35.7
邯會卒王武弟~

190.38
茱櫝毋減~具

178.4
千五百六十~

40.5
~石具弩七

220.17
等~人

14.24
三石一斗~升

231.38
光~月奉錢三百

4.25
三月癸未盡~月

七部

1037
七

688

257.23 第~隧長由

203.15 凡用穀九十~石八斗

267.8 ~月食三石三斗三升

52.23 入粟大石~十五石

203.24 ~月丁亥蚤食入

120.82 八十~人

44.7+190.7 十一月盡~月

4.25 增積~月二日

68.13 ~月盡九月積三月奉

39.20 元延二年~月辛未

20.6 元康三年~月戊午

323.3 年廿五歲長~尺五寸

74.3 張買臣年廿~

258.9 第十~

63.27 第十~卒孫通上

483.9 第十~候長王良

502.8 出錢千三百卌~

506.10A 葵~畦

505.15 出錢四千~百一十四

585.4 本始三年~月戊

177.16 用穀廿~石六斗

505.20 ~萬九千

505.20 用錢~萬九千

15.22 長~尺一寸

160.17A 出~斗米

203.12 見署用穀~石

139.11 會月十~日

65.7 始元~年閏月甲辰

72.25 建始三年~月

119.27 長~尺

408.1 南界隧長孫長年卌~

127.25 南書三封十~

72.35 出錢二千~十

13.9 年卌~

37.32 長~尺五寸黑色

15.14 長~尺二寸

36.5 八九~十二

128.1（63） 永元~年四月

128.1（49） 永元~年正月

128.1（60） 永元~年三月

128.1（30） 永元五年~月

128.1（33） 永元六年~月

128.1（45） 永元六年~月

128.1（46） 謹移~月見官兵

128.1（31） 謹移~月見官兵釜磑

七

128.1（17）永元五年～月

九部

1038

九

602

九 181.1A 去降虜隧百五十～里

九 260.23A 第～

九 512.1 積廿～人養牛

九 231.4 第～隧長上官宗

九 68.61 第～隧長猛

九 84.6A 綏和元年～月以來

九 ※484.59 ～月

九 393.1A ～日宿呑遠置

九 154.10 禄用鹽十～斛五斗

九 203.15 凡用穀～十七石八斗

九 11.15 ～人

九 455.1 隧長胡賜錢～百

九 76.20 凡目多七十～

九 203.37 寂凡十～人

九 54.23A 二百～十

九 44.13 弩幡三百二十～

九 220.4A 六月丁未卒十～人

九 3.25 凡～通以篋封

273.12 約至～月

267.26A 有～月食三石三斗

11.12 出錢～百買弓櫝

163.16 到～月入錢五百

216.7 ～月奉用錢七百廿

72.37 直～十

104.17+101.15 已得～月奉錢六百

88.26 積廿～人

52.25 萬～千二百七

82.36 年廿～

258.12 出二萬～千四百

486.73 第～隧長

42.7 張豐成～

183.9 出麥一石～斗三升少

20.2 元元元康九～

203.37 ～斗七升少

甲附9A 三年～月吞

206.14 千一百五十～石

407.6 嗇夫宋湯～百

101.27 凡還入千八百五十～

24.6 一兩貝丘第～車

284.8A 陽朔元年～月

506.3 齒～高六尺

173.28B 凡～人

130.8
～月十日癸亥起

36.5
七～六十三

505.20
用錢七萬～千七百

36.5
八～七十二

140.3
～月丙寅出癸巳入

286.19A
廿～斤

130.8
永元元年～月十四日

484.16
永光五年～月

内部

1039

萬

224

※483.22
～歲

505.15
賦就人表是～歲里

285.22
入賦錢卌～八千八十

231.11
罪當～死

139.28
賦錢～四千三

15.2
～世隧長至

37.35
凡訾直十五～

104.9+145.14
～歲候長祖道錢

203.1
第廿八隊長馬～

77.7
將車觻得～歲里

77.39
觻得騎士～年里

231.116
～年隧長董習

5.18+255.22
左前～世隧長

81.5A
游君容～年毋恙

3.16
～厶死

114.22
公左君～敢言

505.20
用錢七～九千

229.54
告～

484.2
～歲隧卒丁

97.1B
四～

1040
禹

44

10.34A
左前候長～敢言之

204.5
居延倉長～移肩

103.3
～償陽

15.12A
一月八日旦～卯

甲部

1041
甲

678

45.6A
～渠候官

68.4
～渠候

38.8
～渠候官

38.6
～渠候官

227.6
～渠官

18.17
六月～戊

173.13A
～渠候官

264.22
～渠官

279.5
～渠官

279.11
～渠候官以亭行

175.7
～渠候官

271.4A
～渠候官

34.10
～渠候官

258.19
～渠官

16.8
～渠官

16.6
～渠官隧次行

67.29
正月丙申～渠

42.11A
～渠候長福

3.9
～渠官

326.17
～渠官

39.4
～溝官

57.1A
～渠士吏彊以私印

82.5
～渠候官

203.17
八月～午日中入

259.4
～渠候官

104.8+145.13
～渠候官

175.6
～渠候官

174.32
～渠鄣候以

73.7
～渠候官

15.2
其六月～子

4.29
～渠官

6.1
～渠候官

24.5
正月～子

484.18
央移～渠候官假佐

229.10
～渠守候

10.24
四月～子

206.12
～渠候官

67.15
居延～渠第十五隧

486.53+486.5
領～渠治所

40.14
～渠候官

3.20A
～渠候長就敢言之

267.15A
～渠候長福敢言之

55.19+137.1+254.20
～渠官

154.5
～渠掾譚受呰家平明

16.5A
～渠鄣候以郵行

193.30
官移～渠候官

407.3+564.13
～申候卒望見塞外

65.7
始元七年閏月～辰

325.12
～渠候長齊効寫

188.36
閏月～

136.15
～子

435.8
～

37.4
十月～午入

413.5B
～子乙丑

413.5A
~子乙甲丙癸

285.9A
居延都尉居延張~

11.29
~子乙丑

16.1
~子乙丑丙

乙部

1042

乙

227

258.4
八月~丑

11.29
甲子~丑

6.15
~巳日入六百

413.5A
甲子~甲丙癸

199.21A
甲子~

413.5B
甲子~丑

5.18+255.22
子朔~丑

54.23A
五月~巳

43.19
五月~亥出

181.4
元延三年五月~丑

306.4B+5.9B
朔~酉

523.24
~卯日過中時

284.8A
陽朔元年九月~巳

286.26A
年月己未朔~未

71.53
月~亥除

37.17A 戊午朔～亥居延都尉

162.8 戊寅～亥癸巳癸酉

523.9 九月～巳到

169.13 三月～巳將屯禆將軍

212.80 十月己丑朔～酉

162.14 ～亥癸巳癸酉

491.10A 四月～未左部司馬

562.14 四月～亥金關卒未央

16.1 甲子～丑丙

1043
亂
亂
2

7.7A 冒～不相應

285.20 移簿書事以誤～爲常

1044
尤
尤
3

29.14 已可見矣～毋狀遷

337.12 案～殿者

丙部

1045
丙
丙
197

162.15 公乘鄴京里馬～

16.4A 十一月～戊

395.8 十月～辰日中入

10.32 三月～午

75.9 四月～戊朔甲寅

173.13B 月～辰

15.18
閏月辛亥朔～寅

67.29
正月～申

81.10
二月壬子朔～辰

203.34
十一月～辰卒釼護

311.15C
初元五年八月～午

162.14
丁未～辰戊寅乙亥

3.24
鴻嘉二年十月～辰

16.1
甲子乙丑～

丁部

1046
丁

218

162.14
～巳令賜一級

162.7
～巳令賜一級

43.11
八月三日～未日餔時

203.18
七月～亥蚤食入

51.13+121.25
二月～巳平旦入

10.30
二月～卯

7.7A
六月辛卯朔～巳

136.43
十二月～酉

159.21
五鳳三年四月～未朔

208.3
～不具

201.4
一月～

10.34A
元康四年六月～巳朔

220.4A 六月～未卒十九人

55.19+137.1+254.20 六月～酉門卒同以來

51.4 ～未入

51.4 十二月～酉出

203.24 七月～亥蚤食入

128.1（45） 七月丙辰朔二日～巳

231.92 恭親面見受教～寧

181.18 十二月丙戌～亥日

284.2A 十月庚辰朔～酉

15.5 皆六月～巳出

10.29 閏月～巳

戊部

1047

戊

戊

208

15.25 二月～午平旦入

110.19 始建國地皇上～三年

276.1A 鴻嘉二年四月～申

37.17A ～午朔乙亥

162.14 丙辰～寅乙亥

162.8 丁未丁未丙辰～寅

457.5 建武三年二月～

11.3 四月庚申盡～子廿九

160.1 ～戊務務務

1048

成

119

5.19 八月～子金關

564.6 觻得騎士敬老里～功

505.15 吴～三兩半

58.3 已作治～

37.32 觻得～漢里

533.2 戍卒河東皮氏～都里

58.3 已作治～

305.11 受降隧長～德

57.16 張～

42.7 張豐～九

13.7 公乘司馬～

271.7A 樂～伏地再拜再再

15.21 觻得石～里諒賢

63.11 武～隧長吴光

104.2 隧長～安免缺

139.36+142.33 趣作治已～言

303.47 邑國邵～里公士

146.3 戍卒東郡畔東～里

38.16 武～隧長

13.9 延陵大夫陳遂～

1049

己

185

己部

146.44
月～亥出

77.34
五鳳元年四月～丑

264.33A
四月癸卯朔～未

414.5
建平三年七月～

332.5
樂昌隧長～

507.10
十月～亥

448.4
閏月～亥自取

33.8
詔書八月～亥下

536.10
六月～

137.15
正月～丑

562.15
迺七月～卯

132.27
中～

212.80
十月～丑朔乙酉

35.22A
五年正月～酉朔丙寅

85.38
朔～未戌卒河東

39.9
八月～卯自取

448.2
閏月～亥自取

311.15A
初元五年八月～酉

庚部

1050

庚

184

10.31
閏月～申

124.2
～戍廩卒道等六人

214.145
～申

37.50
年二月～寅朔丁未

10.34A
丁巳朔～申

68.6
五年八月～戌

181.2B
八月～子以來

10.6
閏月～子

辛部

1051

辛

179

42.11A
三月～巳

204.6
四月～卯夜亡

20.12A
～丑朔壬寅

甲附16
壬子朔～巳令史充

72.50
六年正月～未朔壬午

142.35
五月～亥

275.21
二年八月～亥

113.27
七月～酉蚤食入

37.3
十月～亥出

1052 辤

辭 46

- 辛 ※186.3 ~巳自
- 128.1（74） 六月~亥朔二日壬子
- 203.9 ~未壬申癸酉
- ※484.12 去~
- 3.8 ~（辭）故廿井候官
- 76.51 文~（辭）
- 104.29 破胡~（辭）
- 176.55 ~（辭）召臧等詣

壬部

1053 壬

壬 192

- 10.27 五月二日~子日
- 163.9A ~子
- 72.50 六年正月辛未朔~午
- 239.112 ~午
- 10.34B 六月~戌
- 278.7A 十二月~申殄北甲渠
- 68.57 ~子
- 336.3 ~戌朔
- 84.12 ~寅平旦到
- 84.18 四月~子
- 128.1（60） 朔一日~午
- 128.1（30） 七月~戌朔二日癸亥

128.1（14）六月～辰
128.1（14）朔一日～辰
484.16 九月～寅

484.16 朔～寅
甲附16 九月～子朔辛巳
312.16 初元五年四月～子

203.9 辛未～申癸酉
81.10 三年二月～子朔丙辰
231.12 迺～子直符

75.20 閏月～午定時
82.8 ～卒囗黑粟三石

癸部

1054

癸

222

162.14 ～巳癸酉令各賜一級
162.14 癸巳～酉令各賜一級
162.7 ～巳癸酉令賜各一級

162.7 癸巳～酉令賜各一級
130.8 九月十日～亥起
10.33 五年二月～丑朔癸亥

306.4A+5.9A 四月～未朔乙酉
279.7 四月～巳自取
231.22 六年十月～卯

128.1（30）
壬戌朔二日~亥

132.12
卯朔~卯

264.33A
四月~卯朔己未

203.9
辛未壬申~酉

子部

1055
子

575

213.47
三月丙~

268.31
~

180.40A
守父靳~衡

185.34A
若~其所取錢予中男

181.2B
八月庚~以來

279.16A
今□負~舉錢百八十

224.26A+254.16A
~都者者者

3.13
~

233.20
~高

282.9B
以付鄉男~莫

11.3
四月庚申盡戊~廿九

167.4
幼~承詔謹慎敬戒

68.20
~文足下

190.17
~光

505.13
~男居延平里衛良

10.27 五月二日壬～日夏至

133.6A 小～足宣

24.5 正月甲～

68.57 壬～

564.2 騎士富昌里司非～

137.15 正月己丑仁父～赦

32.14A 以寄任～侯

300.12 ～真足

261.39 甲～

413.5A 甲～乙甲丙癸

199.21A 甲～乙

11.29 甲～乙丑

332.3B 子～

193.25 建昭二年十二月戊～

231.27 累山里女～

443.34 息～

145.23 收葆男～

312.16 初元五年四月壬～

231.42B 食張卿鈹上～侯

505.37A 居里男～丘張

65.11 戚～□少九十石

10.21 告大謂～賓

203.29B 官移府檄曰安～

62.23 字～方

1056

字

33

15.2 其六月甲～

154.4+210.24 馬～恩記

22.4 宿～都

81.10 二月壬～朔丙辰

10.25A 拜請具酒少賜～建

458.1A 男～取之

17.43 居富里召～

478.1 孝君〃夫～文爲吏

163.16 張～功

140.1A 移函里男～李立

10.6 閏月庚～

282.9A 趙～回錢三百

29.12 ～男君郭

16.1 甲～乙丑丙

413.5B 甲～乙丑

52.12 小～與同隊

49.31+49.13 當曲卒屈樊～

41.18A 嗇夫候得□～

62.23 ～子方

62.32 年廿二～池

218.15 年廿八～

169.1B+561.26B 羅諸物名姓～

114.21 ～游君年卌二

1057

孟

24

290.2
受降隧卒～輔

4.4A
第一隧卒～慶

162.9
公乘鄴京里～幸

㐬部

1058

疏

7

踈 220.18
器～

128.1（23）
各大如～

41.20
～比一具

128.1（68）
各大如～

丑部

1059

丑

152

5.18+255.22
子朔乙～

10.33
癸～朔癸亥

181.4
元延三年五月乙～

20.12A
十二月辛～朔壬寅

212.80
十月己～朔乙酉

16.1
甲子乙～丙

11.29
甲子乙～

413.5B
甲子乙～

寅部

1060

寅

167

162.8
戊~乙亥癸巳癸酉

※38.1
庚~

484.30
戊~

15.18
閏月辛亥朔丙~

卯部

1061

卯

137

10.30
二月丁~

39.9
八月己~自取

502.9A+505.22A
十二月乙~日入時

32.6
三月辛~朔甲寅

132.12
~朔癸卯

132.12
卯朔癸~

204.6
四月辛~夜亡

264.33A
四月癸~朔己未

523.24
月乙~日過中時

辰部

1062

辰

176

162.14
丙~戊寅乙亥癸巳

81.10
二月壬子朔丙~

395.8
十月丙~日中入

3.24
鴻嘉二年十月丙~

128.1（14）
壬辰朔一日壬~

65.7
始元七年閏月甲~

173.13B
月丙~

1063

辱

8

339.39
~頌使

231.115A
數~

303.14A
遠~幸賜承光書

巳部

1064

巳

352

※186.3
辛~自

162.8
丙辰戊寅乙亥癸~

42.11A
三月辛~

284.8A
九月乙~朔癸亥

162.7
戊寅乙亥癸~癸酉

169.13
三月乙~

54.23A 五月乙~

10.34A 六月丁~朔庚申

275.16 六月丁~朔

甲附16 壬子朔辛~令史充

162.14 戊寅乙亥癸~癸酉

10.29 閏月丁~

7.7A 六月辛卯朔丁~

26.15 貧急毋~

155.14A 八月甲辰朔丁~

51.13+121.25 二月丁~平旦入

15.5 皆六月丁~出

128.1（45） 七月丙辰朔二日丁~

124.2 ~（已）問道等係安在

29.14 ~（已）可見矣

68.13 ~（已）得七月盡

163.16 畢~（已）

513.23+303.39 與父俱來田事~（已）

225.40 畢~（已）

18.1C 敢言之~（已）奏

104.17+101.15 ~（已）得九月奉錢

17.15 赦之事~（已）

82.33 ~（已）得賦錢

75.7 ~（已）載六兩

36.20B 壽~（已）予市人

1065
目

己
758

139.36+142.33
趣作治～（己）成言

58.3
十羽幣補不事用～（己）作治成

以 401.2
卌井官～亭行

36.2
亡滿三日五日～上

387.20A
五月奉償～印爲信

55.19+137.1+254.20
六月丁酉門卒同～來

401.4A
卌井官～亭行

283.8
以以～視以輸以

513.23+303.39
父～負馬田敦煌

283.8
以～以視以輸以

40.7
～二年二

225.32
～土德代火家

282.9B
～付鄉男子莫

282.9B
～印爲信敢言之

20.6
～功次遷爲

181.2B
八月庚子～來

478.11
利～功次遷

190.25
～亭行

10.16A
幼都～閏月七日

217.14
今日良日可～反

255.24A
本始二年～來

255.24B
本始二年～來

279.11
甲渠候官～亭行

16.5A 甲渠鄣候～郵行

38.27 先～證不言請

283.8 作以以之書～以輸

312.16 ～小官印行丞事

403.3 肩水候房～私印事

202.10 當～父先令

10.31 ～私印行候事

6.5 蓬隧長～令秋射

174.32 甲渠鄣候～

283.8 作～以之書以以輸

306.4A+5.9A 肩水候～私印行

62.2A ～郵行

212.1B 前奉□～吏

126.23 ～付從君舍

220.17 後～衛卿檄驗問

88.7 胻～次傳行至望遠止

104.8+145.13 甲渠候官～亭行

283.8 作以～之書以以輸

113.28 鋗紐不～時著

84.20A 建始二年正月～來

227.15 常～令秋射

282.9A 唯官～二月奉錢三

213.10 急～檄

158.18 敬～書驗問章

457.2
罪司寇～上

563.1A
廣田隧～次傳行

7.7A
須～集爲丞相

233.54
臧二百五十～上

562.29
臧直五百～上

84.6A
緩和元年九月～來

85.21
蒼頡作書～教

142.16
隧長常～令秋試射

146.22
須～上功

5.3+10.1+13.8+126.12
二千石～符

480.5
豐不～褒付尚

457.18A
舉～胡虜入塞

73.37
豐～私

38.42B
恩～丈乙丑巳時

午部

1066
午

149

311.15B
初元五年八月丙～

311.15C
初元五年八月丙～

10.32
三月丙～

239.112
壬～

128.1（60）
三月壬午朔一日壬～

37.17A
戊～朔乙亥

181.2A 八月庚寅朔甲～

15.25 二月戊～平旦入

75.20 閏月壬～定時

72.50 六年正月辛未朔壬～

203.17 八月甲～日中入

502.9A+505.22A 皆十一月丙～起

37.4 十月甲～入

未部

1067

未

344

203.9 辛～壬申癸酉

159.21 四月丁～朔辛未

162.14 丁～丁未丙辰戊寅

175.8A 病～能行

5.12 元康四年二月己～朔

43.11 八月三日丁～日餔時

265.37B ～爲臈

159.21 四月丁未朔辛～

220.4A 六月丁～卒十九人

5.3+10.1+13.8+126.12 ～需頌穀

37.50 年二月庚寅朔丁～

273.28 隧長舒受守卒史～央

326.7
~忍行罰

306.4A+5.9A
元年四月癸~朔乙酉

264.33A
四月癸卯朔己~

82.33
~得四月盡六月

14.28
賀~有鞫毄

135.4
錢千三百~賦

224.26B+254.16B
~都都未叩

387.24+387.25
~知其變

85.38
朔己~戍卒河東

217.1B
餘日~變更

72.50
六年正月辛~朔壬午

224.26B+254.16B
未都都~叩未叩叩

88.3A
~知所指走

491.10A
四月乙~

286.26A
年月己~朔

81.5D
心中不亡故也吴~

申部

1068
申

137

10.34A
六月丁巳朔庚~

10.31
閏月庚~

214.145
庚~

（申，續）

255.31 更～口完

133.7 十一月庚～自取

407.3+564.13 甲～候卒望見塞外

67.29 正月丙～

203.14 十一月庚～自取

203.9 辛未壬～癸酉

1069 曳

1

120.57 勿須～

酉部

1070 酉

186

162.14 癸巳癸～令賜各一級

284.2A 十月庚辰朔丁～

311.15A 初元五年八月己～

212.80 十月己丑朔乙～

203.9 辛未壬申癸～

113.27 七月辛～蚤食入

35.22A 正月己～朔丙寅

55.19+137.1+254.20 六月丁～門卒同以來

51.4 十二月丁～出

1071 酒

69

486.27 故～泉大守

10.25A 拜請具～少賜子建

202.12 彊奉～食

1072
醫
7

103.39B 鄣～

264.40 爲候長取～

103.47 ～宋昌治

84.3 無～治故不起

酉部

1073重
尊
48

271.24A 尉史山～

202.8 ～延

※486.87 耳～

戌部

1074
戌
168

124.2 庚～稟卒道等六人

160.1 戊～務務務

181.18 十二月丙～丁亥日

75.9 四月丙～朔甲寅

25.4 十月甲～朔庚子

17.21 壬～宿

68.6 五年八月庚～

65.17 朔丙～肩水候長

336.3 壬～朔

128.1（30）七月壬～朔二日癸亥

亥部

1075

亥

174

127.31 朔癸～尉史常敢言

275.21 二年八月辛～

168.15 ～下餔入

284.8A 九月乙巳朔癸～

162.8 乙～癸巳癸酉

33.8 詔書八月己～下

71.53 月乙～除

146.44 月己～出

162.14 乙～癸巳癸酉

15.18 閏月辛～朔丙寅

507.10 十月己～

43.19 五月乙～出

181.18 十二月丙戌丁～日

142.35 五月辛～甲渠令史

128.1（30）七月壬戌朔二日癸～

82.8 ～

448.4 閏月己～自取

448.2 閏月己～自取

合文

0001 七十

3
 112.2 四百～三石三斗
 192.6 ～尺
34.9+34.8A 三百～九人

0002 五十

2
 128.1（71）盲矢銅鍭箭～枚
 395.9 卒百～三人

筆畫序檢字表

一　本檢字表，供檢索《居延漢簡字形譜》單字的所有字頭和字頭下的俗寫異體用，由此可檢閲到相關字頭下的全部内容。由於合文數量較少，故不再附於本檢字表中。

二　表中被檢字首先按筆畫排列，筆畫相同的字再按筆順（一、丨、丿、丶、乙）之序排列。

三　每一字頭之後是該字在字形譜中的字頭序號——四位阿拉伯數字或四位阿拉伯數字加「重」，或四位阿拉伯數字加「新」。例如：「甲　1041」表示「甲」的字頭序號爲「1041」。

四　鑒於有些字頭和字頭下的俗寫異體較爲生僻，爲便於檢索，本檢字表專門列出了與這些生僻字所對應的通行體，即通過檢索某一生僻字所對應的通行體，也可檢索到該生僻字。具體詳《凡例》第十四條。

一畫

一 0001
乙 1042

二畫

二 0958
十 0166
丁 1046
七 1037
卜 0274
八 0061
入 0412
人 0620
九 1038
刀 0335
乃 0372
力 0982
又 0233
厶 0732

三畫

三 0019
干 0162
于 0378
亏 0378
亐 0378
士 0025
工 0366
土 0960
下 0008重
寸 0255
丈 0167
大 0782
上 0005重
小 0059
口 0076
山 0733
千 0168
川 0847
亾 0917
及 0238
久 0437
凡 0959
亡 0917
之 0477
尸 0687
弓 0924
己 1049
巳 1064
子 1055
也 0907
女 0891

四畫

亖 1034重
王 0020
井 0398
天 0003
夫 0792
元 0002
圡 0960
廿 0170
木 0439
五 1035
支 0244
不 0860
仄 0744
尤 1044
匹 0919
巨 0367
屯 0027
比 0660
瓦 0923
止 0100
少 0060
曰 0370
日 0527
中 0026
内 0413
水 0817
牛 0069
午 1066
壬 1053
升 1012
长 0749
仁 0621
什 0637
斤 1006
反 0239
父 0235
今 0408
分 0062
公 0065
乏 0108
月 0544
戶 0864
氏 0908
勿 0750
丹 0396
文 0720
六 1036
方 0697
火 0769
为 0232
斗 1010

心 0795
尹 0237
夬 0236
尺 0692
丑 1059
孔 0858
以 1065
予 0307
毋 0904

五畫

未 1067
正 0107
功 0983
去 0394
甘 0368
世 0172
丗 0171
古 0165
本 0448
札 0468
可 0375
丙 1045
左 0365
右 0234
石 0746
布 0616
戊 1047
平 0379
北 0661
占 0275
目 0278
旦 0540
且 1005
甲 1041
申 1068
田 0972
史 0242
央 0424
兄 0699
㠯 1065
叩 0091
囚 0491
四 1033
生 0482
矢 0415
失 0885
禾 0559
丘 0662
付 0634
代 0643
白 0618
斥 0742
卮 0722
尘 0964
乎 0377
令 0723
用 0276
肊 0323
印 0726
氐 0909
卯 1061
外 0551
冬 0852
主 0395
市 0423
立 0793
玄 0306
半 0068
它 0957
必 0066
永 0850
司 0721
民 0905
弗 0906
弘 0927
出 0478
奴 0897
召 0082
皮 0258
矛 1013
母 0894
幼 0304

六畫

扗 0346
匡 0921
㓝 0399
刑 0399
寺 0256
卋 0171
吉 0086
老 0684
辻 0111
地 0961
共 0221
臣 0250
吏 0004
再 0303
西 0863
戌 1074
在 0963
百 0286
有 0548

而 0751
戍 0911
列 0342
死 0315
成 1048
至 0861
此 0106
光 0776
早 0529
曳 1069
曲 0922
同 0606
因 0490
回 0487
年 0566
朱 0449
牝 0071
先 0701
廷 0149
舌 0161
休 0474
伍 0636
伏 0650
伐 0652
延 0151
仲 0623
任 0645
自 0282
行 0152
合 0407
危 0745
匈 0730
名 0079
各 0089
多 0552
色 0727
庠 0742
交 0786
衣 0672
次 0707
亥 1075
充 0698
羊 0291
并 0659
米 0573
江 0819
池 0846
汝 0823
守 0590
宅 0580
字 1056
安 0584
孜 0262
收 0271
丞 0216
如 0900
糸 0932

七畫

戒 0217
吞 0077
走 0094
赤 0781
孝 0686
均 0962
志 0797
抒 0886
邯 0520
苣 0048
杜 0442
材 0454
杖 0463
李 0440
求 0683重
車 1014
更 0266
束 0485
吾 0080
豆 0385
酉 1070
辰 1062
夾 0783
刘 0346
步 0104
迣 0120
时 0528
貝 0495
吴 0784
見 0702
助 0984
里 0970
足 0156
男 0981
呂 0600
邑 0511
别 0316
岑 0734
牡 0070
告 0075
利 0337
私 0560
兵 0218
何 0627

但 0653
作 0639
伯 0622
佗 0626
身 0670
近 0132
坐 0964
谷 0851
奴 0261
肝 0319
免 0654
狄 0766
饮 0708
言 0173
辛 1051
忘 0812
羌 0293

弟 0436
沙 0833
汾 0824
没 0838
沈 0839
快 0802
完 0585
宋 0598
宏 0582
牢 0073
良 0428
初 0338
社 0017
君 0081
即 0400
改 0264
张 0925

阿 1026
孜 0262
妨 0902
矣 0420

八畫

奉 0215
武 0912
青 0397
表 0673
長 0749
拓 0887
者 0285
拘 0163
幸 0785
其 0364重
取 0240
苛 0041

若 0046
范 0053
直 0916
杯 0460
枚 0452
料 0462
東 0476
事 0243
刺 0346
兩 0608
奇 0376
來 0431
剌 0346
妻 0893
叚 0252
到 0862
郅 0521

非 0857
尚 0064
具 0219
昆 0538
昌 0537
門 0866
炅 0777
固 0492
忠 0801
呼 0078
制 0343
知 0419
牧 0272
物 0074
和 0085
委 0899
佳 0625

侍 0633
使 0646
佰 0638
併 0631
帛 0617
迫 0133
往 0140
所 1008
舍 0409
金 0989
斧 1007
采 0471
受 0312
乳 0859
肺 0318
服 0696
周 0087

昏 0534
忽 0811
狗 0761
京 0425
病 0604
夜 0550
府 0736
卒 0682
庚 1050
辛 1051
妾 0212
盲 0280
放 0309
劾 0987
券 0345
卷 0724
法 0760重
河 0818
況 0828
治 0826
宗 0599
定 0583
宜 0591
官 1022
空 0601
肩 0325重
房 0865
社 0017
建 0150
居 0688
屈 0694
弦 0930
承 0881
孟 1057
狀 0763
降 1028
函 0555
姑 0895
姓 0892
始 0898
弩 0928

九畫

恚 0813
奏 0790
春 0057
挂 0889
持 0877
封 0965
城 0966
政 0260
赴 0095
郝 0516
某 0447
甚 0369
革 0227
枼 0473
草 0056
茭 0047
故 0259
胡 0332
南 0481
相 0279
柳 0444
柱 0455
恵 0813
要 0225重
迺 0373
威 0896
厚 0427
面 0717
殄 0314
皆 0283
韭 0578
背 0324
省 0281
削 0336
昧 0530
是 0109
則 0339
明 0549
昨 0536
昭 0531
胃 0320
盼 0975
界 0975
品 0159
拜 0876重
秋 0568
重 0667
段 0254
便 0644
俠 0635
係 0651
信 0185
皇 0022
泉 0848
侵 0640
禹 1040
追 0130
律 0147
後 0145
逃 0129

卻 0725
爰 0311
食 0402
盆 0390
胠 0326
矦 0417
負 0503
急 0809
計 0192
京 0425
哀 0090
亭 0422
度 0241
迹 0110
庭 0737
庰 0742
音 0209

竒 0376
帝 0006
施 0541
美 0292
送 0123
前 0101
逆 0118
宣 0581
冠 0605
軍 1018
祖 0015
神 0011
祕 0012
祠 0016
郡 0512
屋 0691
昬 0534

除 1030
姦 0903
盈 0392
皐 0576
癸 1054
蚤 0956重
級 0937
約 0938
紀 0934

十畫

秦 0569
敖 0310
捕 0888
馬 0753
振 0884
起 0098
袁 0678

都 0513
恐 0816
亞 0964
恭 0805
莫 0058
莞 0035
真 0656
莱 0475
莊 0028
桂 0441
桓 0458
桐 0445
梠 0457
根 0450
索 0480
連 0127
曺 0371

辱 1063
夏 0435
破 0747
原 0849重
逐 0131
致 0433
冓 0101
時 0528
畢 0300
財 0496
晏 0532
畔 0974
員 0494
恩 0806
缺 0414
郵 0514
造 0116

乘 0438
秩 0563
[illegible] 0785
倩 0624
倚 0632
條 0451
俻 0334
俱 0630
射 0416重
息 0796
烏 0299
[illegible] 0330
徒 0111
徐 0143
殷 0671
釜 0230重
奚 0791

倉 0411
翁 0288
肵 0330
卿 0728
留 0978
訊 0183
記 0198
高 0421
郭 0525
衺 0673
席 0615
庫 0739
病 0604
疾 0602
唐 0088
痡 0603
部 0518
竝 0794
旁 0007
畜 0979
恙 0815
益 0391
兼 0571
朔 0545
酒 1071
海 0827
涕 0843
害 0597
家 0579
容 0588
案 0461
袍 0676
被 0679
書 0246
展 0689
陵 1023
陳 1029
孫 0931
陰 1024
陷 1027
通 0119
能 0768
紐 0945

十一畫

責 0505
赦 0268
授 0880
教 0273
掖 0890
執 0788
勒 0229
萺 0057
萃 0040
梗 0446
栖 0460
桼 0484
麥 0432
曹 0371
敕 0267
副 0340
區 0918
堅 0249
戚 0913
盛 0388
頃 0657
處 1004重
常 0614
野 0971
問 0083
晦 0535
昨 0536
畦 0973
異 0222
跂 0158
略 0976
國 0488
唯 0084
眾 0663
崔 0735
朙 0549
過 0114
移 0561
符 0357
笥 0358
第 0361
偃 0648
偷 0655
倏 0641
貨 0497
進 0115
倚 0632
鳥 0295
兜 0700
術 0153
徙 0120
得 0146
從 0658
貪 0509
欲 0706
脯 0333
脛 0329
魚 0855

斛 1011
猛 0764
祭 0014
許 0178
設 0196
麻 0577
康 0564重
章 0210
竟 0211
產 0483
望 0666
率 0954
牽 0072
盖 0045
敝 0619
渠 0835
淮 0825

淳 0842
梁 0470
寇 0270
寅 1060
寄 0595
宿 0593
扈 0515
視 0703
晝 0248
殹 0313重
敢 0313重
尉 0772
屠 0690
張 0925
將 0257
陽 1025
隊 1031

習 0287
恿 0986重
參 0543重
貫 0553
鄉 0526
組 0944
細 0936
終 0940

十二畫

絜 0952
越 0097
揚 0882
博 0169
喜 0380
彭 0382
達 0126
報 0789

壹 0787
惡 0813
掾 0879
聑 0878
期 0547
黄 0980
葢 0045
貰 0504
畱 0978
萬 1039
葆 0055
敬 0731
葱 0050
葥 0033
葦 0051
葵 0030
椎 0464

棱 0465
軺 1015
惠 0305
腎 0317
粟 0556
雁 0290
敞 0263
最 0607
閏 0021
閎 0867
景 0533
貴 0510
單 0093
買 0507
黑 0778
圍 0493
短 0418

程 0570
黍 0572
等 0356
筆 0245
備 0629
順 0715
集 0294重
焦 0773重
衆 0663
御 0148
復 0139
循 0142
假 0144
須 0719
舒 0308
番 0067
爲 0232

飯 0404
飲 0708
腆 0331
猥 0762
觚 0352
鄉 0523
詘 0204
詔 0188
就 0426
稾 0565
敦 0269
痛 0603
棄 0302重
善 0208重
普 0539
尊 1073重
道 0137
遂 0128
曾 0063
勞 0985
減 0844
湯 0841
温 0820
滑 0831
淵 0829
盜 0709
渡 0837
游 0542
惲 0804
寒 0596
富 0586
甯 0277
補 0681
禄 0009
畫 0247
紬 0512
强 0955
疏 1058
絮 0949
賀 0499
登 0103
發 0929
絝 0946
給 0939
絳 0942
絡 0950
絶 0935

十三畫

瑟 0915
載 1017
馳 0757
遠 0136
鼓 0384
聖 0871
靳 0228
葸 0813
蒼 0039
蓬 0054
蒲 0037
蒙 0052
禁 0018
楊 0443
嗇 0430
椽 0456
賈 0506
頓 0716
歲 0105
訾 0201
虞 0387
虜 0554
當 0977
賊 0910
愚 0810
路 0157
園 0489
遣 0124
豊 0386
農 0226
署 0610
置 0611
罪 0609
遝 0117
節 0354
與 0224
傳 0647
牒 0558
傷 0649
衙 0350
鉏 0999
鉤 0164
鈹 0997
會 0410
亂 1043
腸 0321
腹 0328
解 0351
試 0191
誠 0186
詬 0205
詣 0199
詡 0195
裏 0674

廚 0738
新 1009
鄣 0524
意 0798
義 0914
煙 0774
煌 0775
溝 0834
滅 0845
塗 0969
粱 0574
慎 0800
塞 0967
福 0010
殿 0253
辟 0729

十四畫

趙 0099
嘉 0383
壽 0685
聚 0664
蔥 0050
蔡 0042
槁 0453
輔 1021
監 0668
朢 0666
臧 0251
需 0854
對 0214重
聞 0874
閣 0868
踈 1058
罰 0344
箕 0363
算 0360
銅 0990
銚 0993
鉼 1003
領 0714
鳳 0296
獄 0767
誌 0206新
誤 0200
槀 0453
膏 0322
廣 0740
遮 0134
廖 0743新
適 0113
齊 0557
養 0403
鄭 0517
幣 0613
熒 0780
漢 0821
滿 0830
漆 0822
寬 0594
寧 0374
實 0587
複 0677
盡 0393
隨 0112
隧 1031
鄧 0522
緡 0943

十五畫

璜 0023
趣 0096
賣 0479
穀 0567
薑 0031
槽 0475
横 0472
樊 0220
槧 0467
毆 0252
賢 0498
遷 0121
憂 0434
磑 0748
遼 0135
齒 0155
稾 0556
鄰 0519
賞 0501
賦 0508
賜 0502
數 0261
噐 0160
篋 0920重
箭 0353
儋 0628
樂 0466
德 0138
徵 0665
鋗 0994
辤 1052
餔 0405
餘 0406
歙 0708

魯 0284
請 0176
諸 0180
諆 0202
課 0190
調 0193
論 0181
諒 0175
誼 0194
稾 0565
廚 0738
慶 0807
廢 0741
潤 0840
澗 0836
寫 0592
遲 0125
履 0695
隧 1032重
隊 1032重
豫 0752
練 0941
緩 0953重
編 0948
緯 0933

十六畫

駮 0759
熹 0771
憙 0381
薛 0034
薪 0049
蕭 0038
樂 0220
輸 1020
橐 0486
頭 0710
頸 0713
盧 0389
對 0213
縣 0718
器 0160
還 0122
積 0562
舉 0883
嬰 0225重
徼 0141
衡 0350
衛 0154
錢 0998
錮 0992
録 0991
鋸 1001
劒 0347
獨 0765
諫 0189
謁 0177
謂 0174
諱 0187
廩 0429重
親 0705
辨 0341
辦 0988新
龍 0856
燔 0770
澤 0832
憲 0803
彊 0926

十七畫

戴 0223
藉 0044
檄 0469
臨 0669
嬰 0901
闌 0869
骼 0261
償 0642
鍼 0996
鏃 1002
爵 0401
應 0799
糞 0301
鴻 0298
襍 0680
臂 0327

十八畫

騎 0756
聶 0875
職 0873
藥 0043
轉 1019
覆 0612
醫 1072
壘 0968
歸 0102
鎮 1000
謹 0184
雜 0680
離 0289
顔 0711
齋 0013
潓 0814

十九畫

藺 0036
蘇 0029
蘊 0031
櫝 0459
繫 0951
關 0870
嚴 0092
簿 0362
頟 0712
譚 0207
證 0203
羹 0231重
懷 0808
繩 0947

二十畫

蘭 0032
轄 1016
黨 0779
籍 0355
籌 0359
農 0226
鐙 0995
騰 0758
觸 0349
護 0197
議 0182
顏 0711
糴 0575
寶 0589

二十一畫

攝 0878
霊 0024
霸 0546
露 0853
齎 0500
屬 0693

二十二畫

聽 0872
鱳 0348

二十三畫

驗 0755
讎 0179
變 0265
襲 0675

二十四畫

觀 0704
[illegible] 0712

二十七畫

驩 0754

三十畫

鸞 0297

三十一畫

[illegible] 1031

《説文》序檢字表

一　本檢字表，供檢索《居延漢簡字形譜》單字的所有字頭和字頭下的俗寫異體用，由此可檢閱到相關字頭下的全部内容。由於合文數量較少，故不再附於本檢字表中。

二　表中被檢字見於《説文》者，按大徐本《説文》字序排列，分别部居；未見於《説文》者，按偏旁部首附於相應各部後。

三　每一字頭之後是該字在字形譜中的字頭序號——四位阿拉伯數字或四位阿拉伯數字加「重」，或四位阿拉伯數字加「新」。例如：「甲　1041」表示「甲」的字頭序號爲「1041」。

一部

一 0001

元 0002

天 0003

吏 0004

丄部

上 0005重

帝 0006

旁 0007

下 0008重

示部

禄 0009

福 0010

神 0011

祕 0012

齋 0013

祭 0014

祖 0015

祠 0016

社 0017

祉 0017

禁 0018

三部

三 0019

王部

王 0020

閏 0021

皇 0022

玉部

璜 0023

靈 0024

士部

士 0025

丨部

中 0026

屮部

屯 0027

艸部

莊 0028

蘇 0029

葵 0030

蘁 0031

薑 0031

蘭 0032

葥 0033

薜 0034

莞 0035

藺 0036

蒲 0037

蕭 0038

蒼 0039

萃 0040

苛 0041

蔡 0042

藥 0043

藉 0044

蓋 0045

盖 0045

若 0046

茭 0047

苣 0048

薪 0049

蔥 0050

葦 0051

蒙 0052

范 0053

蓬 0054

葆 0055

草 0056

萅 0057

春 0057

茻部

莫 0058

小部

小 0059

少 0060

八部

八 0061

分 0062

曾 0063

尚 0064

公 0065

必 0066

釆部

番 0067

半部

半 0068

牛部

牛 0069

牡 0070

牝 0071

牽 0072

牢 0073

物 0074

告部

告 0075

口部

口 0076

吞 0077

呼 0078

名 0079

吾 0080

君 0081
召 0082
問 0083
唯 0084
和 0085
吉 0086
周 0087
唐 0088
各 0089
哀 0090
叩 0091
吅部
嚴 0092
單 0093
走部
走 0094
赴 0095

趣 0096
越 0097
起 0098
趙 0099
止部
止 0100
歭 0101
前 0101
歸 0102
癶部
登 0103
步部
步 0104
歲 0105
此部
此 0106
正部

正 0107
乏 0108
是部
是 0109
辵部
迹 0110
𨑒 0111
徒 0111
隨 0112
適 0113
過 0114
進 0115
造 0116
遝 0117
逆 0118
通 0119
𨑍 0120

徙 0120
遷 0121
還 0122
送 0123
遣 0124
遲 0125
達 0126
連 0127
遂 0128
逃 0129
追 0130
逐 0131
近 0132
迫 0133
遮 0134
遼 0135
遠 0136

道 0137
彳部
德 0138
復 0139
往 0140
徼 0141
循 0142
徐 0143
假 0144
後 0145
得 0146
律 0147
御 0148
廴部
廷 0149
建 0150
㢟部

延 0151
行部
行 0152
術 0153
衞 0154
齒部
齒 0155
足部
足 0156
路 0157
跂 0158
品部
品 0159
㗊部
器 0160
囂 0160
舌部

舌　0161
干部
干　0162
句部
拘　0163
鉤　0164
古部
古　0165
十部
十　0166
丈　0167
千　0168
博　0169
廿　0170
卅部
卅　0171
丗　0171

世　0172
言部
言　0173
謂　0174
諒　0175
請　0176
謁　0177
許　0178
讎　0179
諸　0180
論　0181
議　0182
訊　0183
謹　0184
信　0185
誠　0186
諱　0187

詔　0188
諫　0189
課　0190
試　0191
計　0192
調　0193
誼　0194
詡　0195
設　0196
護　0197
記　0198
詣　0199
誤　0200
訾　0201
諆　0202
證　0203
詘　0204

詬　0205
誌　0206新
譚　0207
誩部
善　0208重
音部
音　0209
章　0210
竟　0211
辛部
妾　0212
丵部
對　0213
對　0214重
𠬞部
奉　0215
丞　0216

戒　0217
兵　0218
具　0219
𠬜部
樊　0220
樊　0220
共部
共　0221
異部
異　0222
戴　0223
舁部
與　0224
臼部
要　0225重
晨部
農　0226

農　0226
革部
革　0227
靳　0228
勒　0229
鬲部
釜　0230重
䰜部
羹　0231重
爪部
爲　0232
为　0232
又部
又　0233
右　0234
父　0235
夬　0236

尹 0237
及 0238
反 0239
取 0240
度 0241
史部
史 0242
事 0243
支部
支 0244
聿部
筆 0245
書 0246
畫部
畫 0247
晝 0248
臤部

堅 0249
臣部
臣 0250
臧 0251
殳部
毆 0252
殹 0252
殿 0253
段 0254
寸部
寸 0255
寺 0256
將 0257
皮部
皮 0258
攴部
故 0259

政 0260
數 0261
⿰豊攴 0261
敘 0261
孜 0262
孜 0262
敞 0263
改 0264
變 0265
更 0266
敕 0267
赦 0268
敦 0269
寇 0270
收 0271
牧 0272
教部

教 0273
卜部
卜 0274
占 0275
用部
用 0276
甯 0277
目部
目 0278
相 0279
盲 0280
眉部
省 0281
自部
自 0282
白部
皆 0283

魯 0284
者 0285
百 0286
習部
習 0287
羽部
翁 0288
隹部
離 0289
雁 0290
羊部
羊 0291
美 0292
羌 0293
雥部
集 0294重
鳥部

鳥 0295
鳳 0296
鸞 0297
鴻 0298
烏部
烏 0299
𠦒部
畢 0300
糞 0301
棄 0302重
冓部
再 0303
幺部
幼 0304
叀部
惠 0305
玄部

玄 0306
予部
予 0307
舒 0308
放部
放 0309
敖 0310
𠬪部
爰 0311
受 0312
𣪠 0313重
敢 0313重
𣦼部
殄 0314
死部
死 0315
冎部

別 0316
肉部
腎 0317
肺 0318
肝 0319
胃 0320
腸 0321
膏 0322
肊 0323
背 0324
肩 0325重
胠 0326
臂 0327
腹 0328
脛 0329
胻 0330
⿰彳月 0330

腆 0331
胡 0332
脯 0333
脩 0334
刀部
刀 0335
削 0336
利 0337
初 0338
則 0339
副 0340
辨 0341
列 0342
制 0343
罰 0344
券 0345
刺 0346

刺 0346
刾 0346
刲 0346
刃部
劒 0347
角部
觻 0348
觸 0349
衡 0350
衡 0350
解 0351
觚 0352
竹部
箭 0353
節 0354
籍 0355
等 0356

符 0357
笥 0358
籌 0359
算 0360
第 0361
簿 0362
箕部
箕 0363
其 0364重
左部
左 0365
工部
工 0366
巨 0367
甘部
甘 0368
甚 0369

曰部
曰 0370
曹 0371
曺 0371
乃部
乃 0372
迺 0373
丂部
寧 0374
可部
可 0375
奇 0376
竒 0376
兮部
乎 0377
亐部
亐 0378

亏 0378
于 0378
平 0379
喜部
喜 0380
憙 0381
壴部
彭 0382
嘉 0383
鼓部
鼔 0384
豆部
豆 0385
豊部
豊 0386
虍部
虞 0387
皿部
盛 0388
盧 0389
盆 0390
益 0391
盈 0392
盡 0393
去部
去 0394
丶部
主 0395
丹部
丹 0396
青部
青 0397
井部
井 0398
荆 0399
皀部
即 0400
鬯部
爵 0401
食部
食 0402
養 0403
飯 0404
餔 0405
餘 0406
亼部
合 0407
今 0408
舍 0409
會部
會 0410
倉部
倉 0411
入部
入 0412
内 0413
缶部
缺 0414
矢部
矢 0415
射 0416重
矦 0417
短 0418
知 0419
矣 0420
高部
高 0421
亭 0422
冂部
市 0423
央 0424
京部
京 0425
京 0425
就 0426
𣆪部
厚 0427
畗部
良 0428
㐭部
廩 0429重
嗇部
嗇 0430
來部
來 0431
麥部
麥 0432
夊部
致 0433
憂 0434
夏 0435
弟部
弟 0436
久部
久 0437
桀部
乘 0438
木部
木 0439
李 0440
桂 0441
杜 0442

楊 0443
柳 0444
桐 0445
梗 0446
某 0447
本 0448
朱 0449
根 0450
條 0451
枚 0452
槀 0453
槁 0453
材 0454
柱 0455
椽 0456
相 0457
桓 0458

櫝 0459
梧 0460
杯 0460
案 0461
料 0462
杖 0463
椎 0464
棱 0465
樂 0466
槧 0467
札 0468
檄 0469
梁 0470
采 0471
橫 0472
桼 0473
休 0474

橬 0475
東 0475
東部
東 0476
之部
之 0477
出部
出 0478
賣 0479
𣎵部
索 0480
南 0481
生部
生 0482
產 0483
泰部
泰 0484

束部
束 0485
㯻部
橐 0486
口部
回 0487
國 0488
園 0489
因 0490
囚 0491
固 0492
圍 0493
員部
員 0494
貝部
貝 0495
財 0496

貨 0497
賢 0498
賀 0499
齎 0500
賞 0501
賜 0502
負 0503
貰 0504
責 0505
賈 0506
買 0507
賦 0508
貪 0509
貴 0510
邑部
邑 0511
郡 0512

𨛜 0512
都 0513
郵 0514
扈 0515
郝 0516
鄭 0517
部 0518
鄰 0519
邯 0520
郅 0521
鄧 0522
鄒 0523
鄣 0524
郭 0525
𨛜部
鄉 0526
日部

日 0527
時 0528
时 0528
早 0529
昧 0530
昭 0531
晏 0532
景 0533
昏 0534
昬 0534
晦 0535
昨 0536
昨 0536
昌 0537
昆 0538
普 0539
旦部
旦 0540
㫃部
施 0541
游 0542
晶部
參 0543重
月部
月 0544
朔 0545
霸 0546
期 0547
有部
有 0548
朙部
朙 0549
明 0549
夕部
夜 0550
外 0551
多部
多 0552
毌部
貫 0553
虜 0554
马部
函 0555
𠧪部
㮚 0556
粟 0556
齊部
齊 0557
片部
牒 0558
禾部
禾 0559
私 0560
移 0561
積 0562
秩 0563
康 0564重
稾 0565
稁 0565
年 0566
穀 0567
秋 0568
秦 0569
程 0570
秝部
兼 0571
黍部
黍 0572
米部
米 0573
粱 0574
糶 0575
朩部
枲 0576
麻部
麻 0577
韭部
韭 0578
宀部
家 0579
宅 0580
宣 0581
宏 0582
定 0583
安 0584
完 0585
富 0586
實 0587
容 0588
寶 0589
守 0590
宜 0591
寫 0592
宿 0593
寬 0594
寄 0595
寒 0596
害 0597
宋 0598
宗 0599
呂部
呂 0600

穴部
空 0601
疒部
疾 0602
痛 0603
庯 0603
病 0604
病 0604
冖部
冠 0605
𠔼部
同 0606
冃部
最 0607
㒳部
兩 0608
网部

罪 0609
署 0610
置 0611
襾部
覆 0612
巾部
幣 0613
常 0614
席 0615
布 0616
帛部
帛 0617
白部
白 0618
㡀部
敝 0619
人部

人 0620
仁 0621
伯 0622
仲 0623
倩 0624
佳 0625
佗 0626
何 0627
儋 0628
備 0629
俱 0630
併 0631
倚 0632
倚 0632
侍 0633
付 0634
俠 0635

伍 0636
什 0637
佰 0638
作 0639
侵 0640
候 0641
償 0642
代 0643
便 0644
任 0645
使 0646
傳 0647
偃 0648
傷 0649
伏 0650
係 0651
伐 0652

但 0653
免 0654
偷 0655
𠤎部
真 0656
匕部
頃 0657
从部
從 0658
并 0659
比部
比 0660
北部
北 0661
丘部
丘 0662
㐺部

眾 0663
衆 0663
聚 0664
𡈼部
徵 0665
朢 0666
重部
重 0667
臥部
監 0668
臨 0669
身部
身 0670
㐆部
殷 0671
衣部
衣 0672

裒 0673
表 0673
裏 0674
襲 0675
袍 0676
複 0677
袁 0678
被 0679
雜 0680
襍 0680
補 0681
卒 0682
裘部
求 0683重
老部
老 0684
壽 0685

孝 0686
尸部
尸 0687
居 0688
展 0689
屠 0690
屋 0691
尺部
尺 0692
尾部
屬 0693
屈 0694
履部
履 0695
舟部
服 0696
方部

方 0697
儿部
充 0698
兄部
兄 0699
兂部
兜 0700
先部
先 0701
見部
見 0702
視 0703
觀 0704
親 0705
欠部
欲 0706
次 0707

㱃部
歓 0708
飲 0708
饮 0708
次部
盜 0709
頁部
頭 0710
顏 0711
顔 0711
顯 0712
顩 0712
頸 0713
領 0714
順 0715
頓 0716
面部

面 0717
県部
縣 0718
須部
須 0719
文部
文 0720
司部
司 0721
卮部
卮 0722
卩部
令 0723
卷 0724
卻 0725
印部
印 0726

色部
色 0727
卯部
卿 0728
辟部
辟 0729
勹部
匈 0730
茍部
敬 0731
厶部
厶 0732
山部
山 0733
岑 0734
崔 0735
广部

府 0736
庭 0737
廚 0738
厨 0738
庫 0739
廣 0740
廢 0741
庰 0742
厈 0742
廖 0743新

厂部
仄 0744

危部
危 0745

石部
石 0746
破 0747

磑 0748

長部
長 0749
长 0749

勿部
勿 0750

而部
而 0751

象部
豫 0752

馬部
馬 0753
驪 0754
驗 0755
騎 0756
馳 0757
騰 0758

駮 0759

廌部
法 0760重

犬部
狗 0761
猥 0762
狀 0763
猛 0764
獨 0765
狄 0766

犾部
獄 0767

能部
能 0768

火部
火 0769
燔 0770

熹 0771
尉 0772
焦 0773重
煙 0774
煌 0775
光 0776
炅 0777

黑部
黑 0778
黨 0779

焱部
熒 0780

赤部
赤 0781

大部
大 0782
夾 0783

夨部
吳 0784

夭部
喬 0785

交部
交 0786

壹部
壹 0787

幸部
執 0788
報 0789

夲部
奏 0790

亣部
奚 0791

夫部
夫 0792

立部
立 0793

竝部
竝 0794

心部
心 0795
息 0796
志 0797
意 0798
應 0799
慎 0800
忠 0801
快 0802
憲 0803
憚 0804
恭 0805
恩 0806

慶 0807
懷 0808
急 0809
愚 0810
忽 0811
忘 0812
惡 0813
惪 0813
恵 0813
恚 0813
懣 0814
恙 0815
恐 0816
水部
水 0817
河 0818
江 0819

溫 0820
漢 0821
漆 0822
汝 0823
汾 0824
淮 0825
治 0826
海 0827
況 0828
淵 0829
滿 0830
滑 0831
澤 0832
沙 0833
溝 0834
渠 0835
澗 0836

渡 0837
没 0838
沈 0839
潤 0840
湯 0841
淳 0842
涕 0843
減 0844
滅 0845
池 0846
川部
川 0847
泉部
泉 0848
灥部
原 0849重
永部

永 0850
谷部
谷 0851
仌部
冬 0852
雨部
露 0853
需 0854
魚部
魚 0855
龍部
龍 0856
非部
非 0857
乚部
孔 0858
乳 0859

不部
不 0860
至部
至 0861
到 0862
西部
西 0863
戶部
戶 0864
房 0865
門部
門 0866
閔 0867
閣 0868
闌 0869
關 0870
耳部

聖 0871
聽 0872
職 0873
聞 0874
聶 0875
手部
拜 0876重
持 0877
攝 0878
聑 0878
掾 0879
授 0880
承 0881
揚 0882
舉 0883
振 0884
失 0885

抒 0886
拓 0887
捕 0888
挂 0889
掖 0890
女部
女 0891
姓 0892
妻 0893
母 0894
姑 0895
威 0896
奴 0897
始 0898
委 0899
如 0900
嬰 0901

妨 0902
姦 0903
毋部
毋 0904
民部
民 0905
丿部
弗 0906
乁部
也 0907
氏部
氏 0908
氐部
氐 0909
戈部
賊 0910
戍 0911

武 0912
戉部
戚 0913
我部
義 0914
珡部
瑟 0915
乚部
直 0916
亾部
亾 0917
匸部
區 0918
匹 0919
匚部
篋 0920重
匡 0921

曲部
曲 0922
瓦部
瓦 0923
弓部
弓 0924
張 0925
张 0925
彊 0926
弘 0927
弩 0928
發 0929
弦部
弦 0930
系部
孫 0931
糸部

糸 0932
緯 0933
紀 0934
絶 0935
細 0936
級 0937
約 0938
給 0939
終 0940
練 0941
絳 0942
縮 0943
組 0944
紐 0945
絝 0946
繩 0947
編 0948

絮 0949
絡 0950
繫 0951
絜 0952
素部
緩 0953重
率部
率 0954
虫部
强 0955
蚰部
蚤 0956重
它部
它 0957
二部
二 0958
凡 0959

土部
土 0960
圡 0960
地 0961
均 0962
在 0963
垔 0964
尘 0964
封 0965
城 0966
塞 0967
壘 0968
塗 0969
里部
里 0970
野 0971
田部

田 0972
畦 0973
畔 0974
畍 0975
界 0975
略 0976
當 0977
畱 0978
畜 0979
黃部
黃 0980
男部
男 0981
力部
力 0982
功 0983
助 0984

勞 0985
恿 0986重
劾 0987
辦 0988新
金部
金 0989
銅 0990
録 0991
錮 0992
銚 0993
鋗 0994
鐙 0995
鍼 0996
鈹 0997
錢 0998
鉏 0999
鎮 1000

鋸 1001
鏃 1002
鉼 1003
几部
處 1004重
且部
且 1005
斤部
斤 1006
斧 1007
所 1008
新 1009
斗部
斗 1010
斛 1011
升 1012
矛部

矛 1013
車部
車 1014
軺 1015
轖 1016
載 1017
軍 1018
轉 1019
輸 1020
輔 1021
𠂤部
官 1022
𨸏部
陵 1023
陰 1024
陽 1025
阿 1026

陷 1027
降 1028
陳 1029
除 1030
𨺅部
[illegible] 1031
隧 1031
隊 1031
[illegible] 1032重
[illegible] 1032重
四部
四 1033
亖 1034重
五部
五 1035
六部
六 1036

七部
七 1037
九部
九 1038
内部
萬 1039
禹 1040
甲部
甲 1041
乙部
乙 1042
亂 1043
尤 1044
丙部
丙 1045
丁部
丁 1046
戊部
戊 1047
成 1048
己部
己 1049
庚部
庚 1050
辛部
辛 1051
辛 1051
辭 1052
壬部
壬 1053
癸部
癸 1054
子部
子 1055
字 1056
孟 1057
𠫓部
疏 1058
踈 1058
丑部
丑 1059
寅部
寅 1060
卯部
卯 1061
辰部
辰 1062
辱 1063
巳部
巳 1064
㠯 1065
以 1065
午部
午 1066
未部
未 1067
申部
申 1068
臾 1069
酉部
酉 1070
酒 1071
醫 1072
酋部
尊 1073重
戌部
戌 1074
亥部
亥 1075